Korsika

Michael Studemund-Halévy · Überarbeitet von Dirk Schröder

MERIAN-TopTen
Höhepunkte, die Sie unbedingt sehen sollten

 Cap Corse
Idyllische Bergdörfer und tief eingeschnittene Buchten machen das Kap zu einem »Korsika im Kleinen« (→ S. 36).

 San Michele im Herzen des Nebbio
Das berühmteste romanische Heiligtum Korsikas wurde 1280 vollendet (→ S. 39).

 Rue Fesch in Ajaccio
Gleich zwei Höhepunkte: das Hôtel Fesch, das prachtvollste Hotel der Stadt, und das Musée Fesch mit seiner Gemäldesammlung (→ S. 41, 44).

 Sant' Antonino
Der »Adlerhorst der Balagne« mit seinen malerisch engen Gassen gilt als das schönste Dorf Korsikas (→ S. 55).

 Inselbahn Micheline
Die Panorama-Fahrt mit der Inselbahn gehört zu den Attraktionen von Korsika (→ S. 56).

 Felsen von Bonifacio
Eine Bootstour zu den Grotten von Bonifacio offenbart erst die außergewöhnliche Lage der Stadt (→ S. 64).

 Frühgeschichte in Filitosa
Im Morgenlicht sind die Statuen der ältesten Siedlung am eindrucksvollsten (→ S. 70).

 Renaissance-Fresken
Die Fresken der Kapelle Santa Maria Assunta in Pieve di Bozo lohnen einen Besuch (→ S. 80).

 Gorges de la Restonica
Die wildromantische Schlucht ist unbedingt sehenswert, zudem ist sie Ausgangspunkt für zahllose Wanderungen (→ S. 81).

 GR 20 – eine Wanderroute auf Korsika
Von Mitte Juni bis Ende Oktober ist der Fernwanderweg Herausforderung für Bergwanderer (→ S. 89).

MERIAN-Tipps ⤳
finden Sie auf Seite 128

Inhalt

4 Korsika stellt sich vor
*Interessantes rund um
Ihr Reiseziel*

12 Gewusst wo …
*Die besten Tipps und Adressen
der Insel*

14 **Übernachten**
Hotels und Ferienhäuser
mit Komfort
16 **Essen und Trinken**
»Schlaraffenland« Korsika
18 **Einkaufen**
Möbel, Schmuck und Keramik
20 **Feste und Events**
Prozessionen und Festivals
22 **Sport und Strände**
Von Badebuchten bis zu
Wanderungen
26 **Familientipps – Hits für Kids**
Vergnügungspark und Reiten
stehen hoch im Kurs

28 Unterwegs auf Korsika
*Kompakte Beschreibungen
aller wichtigen Orte und
Sehenswürdigkeiten mit vielen
Freizeit- und Kulturtipps*

30 **Bastia und der Norden**
Die längsten Sandstrände
der Insel und das Cap Corse
als Korsika im Kleinen
40 **Von Ajaccio bis Calvi**
Korsika zeigt sich im Westen
von seiner wilden Schönheit
56 **MERIAN-Spezial**
Nostalgie im TGV-Zeitalter
58 **Bonifacio und die Südküste**
Kreidefelsen, Traumstrände,
fotogene Bergdörfer und
Zeugen der Vergangenheit
74 **Das Inselinnere**
Hohe Berge, Seen, Wälder
und Kastanien

MERIAN-TopTen
*Höhepunkte auf Korsika,
die Sie unbedingt sehen sollten*
 S. 1

MERIAN-Tipps
*Tipps und Empfehlungen für
Kenner und Individualisten*
S. 128 ⇢

Erläuterung der Symbole

*Für Familien mit Kindern
besonders geeignet*

*Diese Unterkünfte haben
behindertengerechte Zimmer*

*In diesen Unterkünften
sind Hunde erlaubt*

CREDIT *Alle Kreditkarten werden akzeptiert*
Keine Kreditkarten werden akzeptiert

*Preise für ein Doppelzimmer
mit Frühstück in der Hauptsaison
Mai bis September:*
●●●● *ab 90 €*   ●● *ab 45 €*
●●● *ab 70 €*   ● *ab 30 €*

*Preise für ein Hauptgericht
(ohne Getränke):*
●●●● *ab 38 €*   ●● *ab 15 €*
●●● *ab 23 €*   ● *ab 12 €*

84 **Routen und Touren** *Die schönsten Ausflüge und Wanderungen*	92 **Wissenswertes über Korsika** *Praktische Hinweise und Hintergrundinformationen*

- 86 **Der wilde Westen**
 Mit dem Boot, Auto und zu Fuß erlebt
- 87 **Die Balagne**
 Mit dem Fahrrad durch den Garten der Insel
- 88 **Wandern entlang der Küste**
 Mit dem Duft der Macchia und dem Blick zum Meer
- 89 **Von Küste zu Küste**
 Mit dem Rucksack über die Zweitausender Korsikas
- 90 **Korsika quer**
 Mit dem Auto von Bastia über den höchsten Pass in den Westen

- 94 **Geschichte**
 Jahreszahlen und Fakten im Überblick
- 96 **Sprachführer**
 Nie wieder sprachlos
- 98 **Essdolmetscher**
 Die wichtigsten kulinarischen Begriffe
- 102 **Korsika von A–Z**
 Nützliche Adressen und Reiseservice

- 109 Kartenatlas
- 122 Kartenregister
- 126 Orts- und Sachregister
- 127 Impressum

Karten und Pläne

Korsika	Umschlagkarte vorne
Ajaccio	Umschlagkarte hinten
Bastia	33
Calvi	49
Bonifacio	61
Sartène	67
Corte	77
Kartenatlas	109–121

Die Buchstaben-Zahlen-Kombinationen im Text verweisen auf die Planquadrate der Karten, z. B.
→ S. 119, E 17   Kartenatlas
→ S. 49, b 2   Detailkarte innen
→ Umschlagkarte hinten, a 3

Mit Straßenkarte

Korsika stellt sich vor

Bei Sonnenanbetern wie bei Windsurfern gleichermaßen beliebt ist die kleine, südöstlich von Bonifacio (→ S. 59) gelegene Bucht »Plage de Piantarella«.

»Kalliste«, die Schönste – ihren antiken Namen hat sie wohlverdient, die reizvolle »Wildnis« im Mittelmeer. Dabei ist Korsika eher ein kleiner Kontinent als eine große Insel.

Korsika stellt sich vor

Von einem schnellen Fisch wird gesagt, er könne die Insel in einer Nacht umrunden, von einer Taube, sie könne sie in einer Stunde überfliegen. Von einem Fremden aber heißt es, dass er die herrliche Insel auch in hundert Jahren nicht wird kennen lernen können, da er sie zwischendurch doch immer wieder verlassen müsste.

Die Griechen, die so viele bezaubernde Inseln kannten, nannten sie »Kalliste« – die Schönste. Korsika, die viertgrößte Insel des Mittelmeeres, die grüne und mit Buchen, Kiefern, Kastanien und Olivenbäumen bewaldete Insel, ist von zugleich inspirierender und atemberaubender Schönheit. Ein 8680 Quadratkilometer großer Minikontinent, wenige Fährstunden von Marseille, aber nur 40 Minuten von Sardinien entfernt, mit dichten, farbigen und duftenden Wäldern, mit versteppten Ebenen, Weinfeldern und Ziegenweiden, zusammengekuschelten Bergdörfern und hoch getürmten Wohnsiedlungen am Rande der beiden kleinen Großstädte **Ajaccio** und **Bastia**, wo noch etwas Ländliches zwischen den städtischen Steinen lebt. Zerklüftete Bergketten, einsame Nadelwälder, unberührte Bergseen, fruchtbare Täler und schroffe Felsbuchten. Schnell wechseln die Farben der Landschaften unter dem blauen Himmel: grün der Schiefer des **Cap Corse**, weiß die schroffen Kalkfelsen von **Bonifacio**, rot und purpur die bizarren Felsformationen der **Calanche**, grau der Granit der **Bavella**. Eine Insel staatlich garantierter Superlative: Über ein Viertel Korsikas ist Nationalpark! Über 50 Zweitausender (»ein Gebirge im Meer« nannte sie der deutsche Geograf Friedrich Ratzel), 1000 Kilometer Küste, steil und felsig im Westen, flach im Osten und hoch aufgefaltet im Innern der Insel.

Niemals wird der Fremde begreifen, was es heißt, auf dieser Insel zu leben. Korsika macht es seinen Liebhabern schwer, korsische Lebensart passt sich nicht an, unterwirft sich niemandem. In Ajaccio unterstützen die Insulaner den Terrorkrieg der

»Corsu per Corsu« – auf immer Korsisch

Das Kirchlein Santa Maria Figaniella im romanischen Baustil nahe Fozzano (→ S. 70) stammt aus dem 12. Jahrhundert.

FLNC (Front de Libération Nationale de la Corse) gegen ungezügelten Tourismus und beklagen sich in Paris über die Politik der Nichtentwicklung. »Wir leben zwei Monate im Rhythmus der Touristen; und was machen wir die übrigen zehn Monate?« Unabhängigkeit – so lautet eine der wichtigsten Losungen, für die die Korsen eintreten. Immer wieder in den letzten 20 Jahren machte die Insel Schlagzeilen durch Serien von Bombenanschlägen und das Verlangen nach Selbstbestimmung. Urlauber wurden bei solchen Attentaten bislang jedoch noch nie in Mitleidenschaft gezogen.

Bis heute nur als Minderheitensprache anerkannt, hat sich das Korsische doch mancherorts durchgesetzt: zweisprachige Straßenschilder bei Sant' Antonino (→ S. 55), Nord-Korsika.

Seit der Antike ist Korsika das Opfer der benachbarten, miteinander rivalisierenden Mittelmeermächte. Griechen, Etrusker, Karthager, Römer, Vandalen, Ostgoten, Byzantiner, Lombarden und Sarazenen haben sich nacheinander der Insel bemächtigt. Frei und unabhängig lebten die Korsen nur 14 Jahre unter dem noch heute verehrten Pasquale Paoli, den die korsischen Revolutionäre 1775 zum »General der Nation« wählten. Der intellektuelle General wurde rasch zum Volkshelden und Symbol des korsischen Freiheitskampfes. Noch vor den USA und Frankreich erhielt Korsika eine demokratische Verfassung. Die »Nationale Befreiungsarmee« (FLNC), 1976 gegründet, wurde 1982 verboten. Als Sprachrohr der Separatisten dient die Wochenzeitschrift *U Ribombu* (Das Echo), als Organ der Autonomisten die Zeitschrift *Arritti* (Auf!). Beide teilen ihren Lesern die Verlautbarungen der offiziell verbotenen FLNC im vollen Wortlaut mit. Am Kiosk sind sie dennoch zu finden.

Der Kopf eines Mohren im Profil, mit einer weißen, im Nacken geknoteten Stirnbinde, ist das Symbol der Korsen für ihre nationale Identität. Es ziert T-Shirts und Zeitungen, Buchumschläge und Poster. Was dieser Kopf bedeutet, wissen alle, woher er stammt, weiß niemand.

Korsika – das ist vor allem das Meer. Auch das Schlechte kam immer vom Meer. »Chi tu vaga in mare« – das Meer möge dich davontragen – ist ein noch heute viel gehörter Fluch. Wie Vogelnester sitzen die Dörfer hoch über dem Wasser. Die Küste überließen die stolzen Korsen den Eroberern, die Bevölkerung zog sich in die Einsamkeit der Berge zurück.

Land des Volkes – Land der Herren

Die gewaltige, von Nordosten nach Südwesten laufende, fast 200 Kilometer lange und durchschnittlich 2000 Meter hohe Gebirgsbarriere im Inneren Korsikas hat die geschichtliche, politische und wirtschaftliche Entwicklung des Landes mehr beeinflusst als die ständige Zahl der Eroberer. Auf welcher Seite man steht, auf welcher Seite man war, bestimmt bis zum heutigen Tag die Geografie Korsikas. Im Norden erhebt sich das Land

Korkeichen bestimmen das Bild der Küstenlandschaft um Porto-Vecchio (→ S. 65).

des Volkes, die »Terre du Commun«, im Süden das Land der Herren, die »Terre des Seigneurs«. Zur Terre du Commun gehören das Cap Corse, das Nebbio, die Balagne, die Casinca, die Castagniccia, Niolo und Fiumorbu. Zum Land der Herren gehören die Cinarca, Ornano und das Sartenais.

Diese mittelalterliche Teilung ist auch heute noch nach jeder Wahl festzustellen. Man gehört der einen oder der anderen Partei an, einem Clan, der Stadt oder dem Land. Im Zweifelsfalle folgt man dem korsischen Wahlspruch »Für mich und die meinen«. Jemand, der sich nicht an diese Regel hält, wird einfach für verrückt erklärt. »He scemu«, sagen dann die Alten. Der Verrückte ist ausgestoßen, gehört keiner Partei mehr an, hat im öffentlichen Leben keinen Platz mehr.

Mehr als ein Viertel der Insel ist Naturschutzgebiet (**Parc Régional de la Corse**). Im Nordwesten reicht der Park bis an die Küste des Golfe de Girolata mit der Halbinsel La Scandola. Im Südosten beherrscht er mit dem »Balkon« des **Forêt de l'Ospédale** die Landschaft des Golfs von Porto-Vec-

Ganz Korsika ein riesiger Naturpark

chio. Zu den Parks gehören die ausgedehnten herrlichen Wälder im Landesinneren wie Aitone, Valdu-Niellu, Vizzavona, Bavella und L'Ospédale. Die Pflanzenvielfalt und gleichzeitige Tierarmut sind Ausdruck der starken Reliefschwankungen und des unterschiedlichen Niederschlags auf der Insel. An der Küste und den äußersten Küstenhängen herrscht typisches Mittelmeerklima. Bis 400 Meter Höhe werden Wein und Oliven, Zitrusfrüchte, Mandelbäume und Edelkastanien sowie Gemüse angebaut. Zwischen 400 und 1000 Meter wachsen Edelkastanien, Steineichen, Pappeln, Ulmen, Ahorn und schmackhafte Pilze. Zwischen 900 und 1800 Meter herrscht die Laricio-Kiefer vor, der »stolzeste Baum der Insel«. Kork- und Olivenbäume, Palmen, wilde Feigen und Zitrusplantagen bestimmen die Küstenlandschaft, Schwarzkiefer und Edelkastanie bilden die Bergwälder.

Den sinnlich-betörenden Duft der Insel erzeugen Lavendel und Wacholder, Rosmarin und Baumheide.

Das Wappentier der Insel, das Mufflon (Wildschaf), ist fast ausgestorben, nicht mehr als 300 Exemplare sollen in den Wäldern der Bavella und Asco leben. Das echte Wildschwein lebt in der Macchia, das verwilderte Hausschwein frei und zahlreich (mehr als 60 000 Tiere) in den Wäldern, wo es sich von Edelkastanien ernährt; das macht sein Fleisch außerordentlich würzig und schmackhaft. An der Küste sind Möwen, Kormorane, Bekassinen, Reiher und Wildenten anzutreffen. Korsika bietet vielen Schmetterlingsarten dank seines mediterranen Klimas, der sauberen Luft und seiner bunten Pflanzenwelt ideale Lebensbedingungen.

Dem **Naturschutz** kommt in Korsika eine große Bedeutung zu. Um den Erhalt einiger sehr seltener Pflanzengattungen, zum Beispiel in den »pozzines« genannten Wiesen beim Nino-See, und um den Schutz von Vögeln und anderen Tierarten wie Fischadler, Kappenkleiber, Bartgeier, Steinadler und Mufflons kümmern sich die Mitarbeiter des Parc Naturel Régional de la Corse. Freiwillige Helfer pflegen die Wanderwege, unterstützen die Bauern und Hirten und legen Hand an, wenn es darum geht, die vielen verfallenen Schäfereien, »bergeries«, wieder aufzubauen. Die Départements Haute-Corse und Corse-du-Sud investieren beträchtliche Mittel für den Schutz traditioneller Bauformen und die Verschönerung von Gebäuden (genuesische Türme, Kapellen) sowie die Pflege archäologischer Funde.

Relikte der Megalithkultur Europas gibt es auf Korsika ebenso wie auf Malta, Sizilien oder Sardinien. Seit der Urzeit hatte man auf Korsika die Toten in Steinkisten aus Megalithen beigesetzt, die bis zu zwei Meter tief in die Erde gesenkt wurden. Jede Grabstelle wurde von einem oder mehreren bis zu zwei Meter hohen **Menhiren** bewacht. Im dritten Jahrtausend fand eine allmähliche Umwandlung der Steinkisten in oberirdische Bauten sowie die Errichtung von **Dolmen** statt. Bis heute wurden 82 Menhire und rund 100 Gräber entdeckt. In späterer Zeit wurden die Menhire weiter entfernt von den Gräbern aufgerichtet. Im Gebiet von **Sartène** wurden sie auch zu »Alignements« geordnet. Die mächtigen Monolithen, die urtümlichen Grabbauten

»Barbarische« Vergangenheit

aus gewaltigen Blöcken und Platten sowie Ganggräber zeigen, dass Korsika eine eigenständige Megalithkultur besitzt.

Um 1800 v. Chr. begannen die Ureinwohner, diese Menhire zu behauen, ihnen eine antropomorphe Gestalt zu geben und sie mit Waffen zu schmücken. Besonders charakteristische Zeugnisse dieser »barbarischen« Bildhauerkunst finden sich in der Nähe von Sartène, im Südwesten

Die eindrucksvollen Megalithbauten von Cauria (→ S. 70) wurden von den Fünfziger- bis in die Siebzigerjahre des 20. Jahrhunderts ausgegraben.

der Insel (Cauria, Palaggiu und Filitosa). Im Norden stellten die Megalithiker waffenlose Statuen auf, die sich durch hervortretende Schultern und Ohren, oft auch durch eine angedeutete Halskette auszeichnen.

Ab 1600 v. Chr. verdrängte ein offensichtlich höher entwickeltes Volk

Das Volk der Turmbauer

unbekannter Herkunft die Megalithiker nach Norden. Sie benutzten Waffen aus Bronze und vielleicht Eisen und errichteten auf den Anhöhen sechs bis acht Meter hohe Turmbauten aus Zyklopenmauerwerk, zum Beispiel das **Castellu d'Araghju**, für dessen Bau sie die Steine der Megalithiker wieder verwendeten. Diese Turmbauten gaben dem Volk auch seinen Namen: Torreaner (torre = Turm).

Korsika – das bedeutet auch immer wieder, dass es für drei Dörfer, die nichts voneinander wissen wollen, nur einen gemeinsamen Friedhof gibt. Die Kirche steht in der Mitte – auch um den Konflikt zu schlichten, von welcher Kapelle aus die Prozession des San Giovanni stattfinden soll. Korsika – das ist eine Insel, die ihre Einwohner aufs Festland schickte, weil sie nicht alle ernähren konnte, Einwohner, die zum Sterben in ihr Heimatdorf zurückkommen und die ihr Haus nicht verkaufen, auch wenn sie bis zu ihrem Tod im Ausland leben. Auf Korsika sieht man kaum ein Haus, das sich nicht gegen den bösen Blick schützt. Dabei ist Korsika eine Insel der Kirchen und Kapellen. So als hätten die Korsen so viele Gotteshäuser gebaut, um von ihrem Aberglauben abzulenken, ihm keinen Platz zu geben.

Aus Pisa kam im 12. Jahrhundert die Romanik nach Korsika. Mit Hilfe der Einheimischen errichteten

Kirchen und Türme

Baumeister aus der Toskana kleine, schlichte Kirchen und Kapellen in einem Stil, der heute als pisanisch-romanisch bezeichnet wird. Ihre Merkmale sind die verschiedenfarbigen Steine, die meist aus der näheren Umgebung geholt wurden. Manche Fassade wird von einfachen, lustigen Figuren und Skulpturen verziert. Eines der schönsten Beispiele sind die Kirchen San Michele (→ S. 39) und La Trinité (→ S. 52) in Aregno. Von den einst 100 Kirchen und Kapellen ist nur

Von den einst 150 »Genuesentürmen« Korsikas existieren heute noch 85, viele davon nur noch als Ruine. Sie stehen alle unter Denkmalschutz.

noch ein Drittel erhalten. Davon liegt wieder ein Großteil in Ruinen, von der Macchia überwuchert.

Die Gotik verbreitete sich auf Korsika ebenso wenig wie in Italien.

Genuesentürme – Torregiana

Die einzigen beiden Kirchen dieser Stilrichtung findet man in Bonifacio. Aus Ligurien kam der Barock nach Korsika. Im 17. und 18. Jahrhundert entstanden Kirchen in den reichen Weinanbaugebieten der Balagne, dem Cap Corse und der Castagniccia.

Zum Schutz der Insel entstanden in der Regierungszeit Genuas im 15. bis 17. Jahrhundert rund 150 Wachtürme entlang der gesamten Küste. Damit sollte der Kunde von Überfällen durch die Sarazenen (Seepiraten) mittels Rauchzeichen rechtzeitig verbreitet werden. Allein im 16. Jahrhundert wurden mehr als 6000 Korsen in die Sklaverei nach Algerien verschleppt.

Die Türme sind 12 bis 17 Meter hoch, meist rund mit 8 bis 14 Meter Durchmesser. Eingang nur per Leiter in 5 Meter Höhe. Eine Zisterne sorgte für Wasservorräte bei Belagerung. Die beiden oberen Etagen der drei Stockwerke wurden ständig von zwei bis vier Wachpersonen bewohnt.

Korsika – das ist auch die ärmste Region Frankreichs, in der alles teurer ist als im Mutterland. Man sitzt gerne zusammen in Korsikas Dörfern und Städten, lebt aber lieber allein. Nirgendwo sonst in Frankreich gibt es so viele Alleinlebende wie auf der Insel. Korsika leidet unter der Überalterung. Viele Korsen leben und arbeiten auf dem Festland, verbringen ihren Lebensabend aber auf der Insel. Das verändert sich allerdings seit den letzten 20 Jahren, so dass immer mehr jüngere Menschen auf Korsika wohnen. Aber dennoch sind nur knapp 60 Prozent von ihnen berufstätig (im französischen Durchschnitt sind es 80 Prozent). Mehr als zwölf Prozent der Menschen sind in der Landwirtschaft tätig. Und genauso viele sind arbeitslos. Man arbeitet, aber hängt doch vom Kontinent ab. Man macht Schulden, aber investiert nicht. Man ist fleißig, aber nur jeder zweite Haushalt zahlt Steuern (im französischen Durchschnitt sind es 80 Prozent).

Die Korsen leben nahezu ausschließlich von Landwirtschaft und Fremdenverkehr. Im Frühjahr kommen die Touristen zum Bergwandern und Kanu fahren, im Sommer zum Relaxen am Strand und zum Wassersport. Auch im Herbst kann man noch bei angenehmen Temperaturen baden, und selbst in der kalten Jahreszeit stellt das »Überwintern« in Ajaccio eine reizvolle Alternative zu anderen Zielen dar. Industrie gibt es fast gar nicht, kaum zwei Dutzend Betriebe haben über 100 Beschäftigte.

Überall auf Korsika stehen noch die »cabanes«, kleine, niedrige Steinhäuschen, die als Schuppen oder Viehunterstände dienen. Sie sind Relikt der einst im ganzen Mittelmeerraum verbreiteten Form der traditionellen Wanderweidewirtschaft, der so genannten Transhumanz, bei der das Vieh von den Hirten mehrmals jährlich zu wechselnden Weideplätzen geführt wurde. Anfang der 1990er Jahre zählte man mehr als eine halbe Million Schafe sowie über 200 000 Ziegen. Fast zwei Drittel der landwirt-

Bäuerliches Korsika

schaftlichen Produktion sind Wein und Zitrusfrüchte, besonders Clementinen.

»Eines Tages wird dieses Volk die Erde in Erstaunen versetzen«, schrieb der französische Philosoph Jean-Jacques Rousseau. Korsikas wilde Schönheit, seine Küsten und Berge und seine Menschen tun dies schon jetzt jeden Tag.

Gewusst wo…

Hier ist man bestens darauf vorbereitet, den Gast im landestypischen Ambiente mit den Spezialitäten der korsischen Küche zu verwöhnen: Lokal in der Altstadt von Bonifacio (→ S. 59) im Süden Korsikas.

In herrlicher Umgebung übernachten, köstliche Liköre probieren, spektakuläre Ausblicke beim Wandern genießen oder an den schönsten Sandstränden ins Meer eintauchen: Das ist Korsika!

Übernachten

Ob Hotel, Kloster oder Ferienhaus – jeder Gast findet auf Korsika den gewünschten Komfort.

Hier heißt es rechtzeitig reservieren, denn in dem malerischen Örtchen Saint-Florent (→ S. 39) sind die Hotels in den Sommermonaten gerne ausgebucht.

Übernachten

Hotelhochburgen, wie sie an manchen Orten auf dem französischen Festland üblich sind, sucht man auf Korsika vergebens. Viele Unterkünfte sind Familienbetriebe mit entsprechend persönlicher Atmosphäre. Auf Korsika gibt es zurzeit rund 550 Hotels, die besonders im Juli und August ausgebucht sind. Drei Viertel der rund 40 000 Hotelbetten entsprechen dem 2- oder 3-Sterne-Komfort. Während das Hotelangebot an der Küste recht hoch ist, nimmt es im Landesinneren deutlich ab. In größeren Städten sind die Hotels oft preiswerter als in kleineren Orten. Ein Verzeichnis bekommt man bei den Touristenbüros.

Ein Frühstück kostet je nach Hotelkategorie zwischen 8 und 16 €. Der

Familienhotels mit traditioneller Küche

Milchkaffee und ein frisches Croissant in der Bar an der Ecke kommen meist deutlich billiger. Häufig erwarten die korsischen Hoteliers von ihren Gästen, dass Halb- oder Vollpension gebucht wird. Eine Reihe von Hotelführern vermittelt einen guten Überblick über Preise und Komfort. Bei den Hotels »Logis et Auberge de France«, erkennbar an dem grünen Schild mit gelbem Kamin, fährt man in der Regel recht gut. Es erwarten einen traditionelle Hotels und regionale Küche zu zivilen Preisen. Die Broschüre »Corsica-Herbergement« informiert über Übernachtungsmöglichkeiten; sie ist bei allen Tourismusbüros erhältlich, außerdem bei:

Fédération Régionale des Offices de Tourisme et Syndicats d'Initiative
BP 21, 20181 Ajaccio, CEDEX 1;
Fax 00 33/4 95 51 53 03

Das typische Korsika versprechen die unter dem Motto »casa toia« (»Dein Haus«) zusammenarbeitenden ländlichen Hotel-Restaurants. Pro Person muss man für Halbpension mit 45 € rechnen. Auskunft geben die Tourismusbüros (→ Auskunft, S. 103).

Seit einigen Jahren ist das freie Campen überall in Frankreich verboten. Daran sollte man sich auf Korsika auch unbedingt halten. Einmal besteht die Gefahr, durch Lagerfeuer Waldbrände auszulösen, zum anderen kann man selbst von Bränden überrascht werden. Es gibt Campingplätze aller Qualitätsstufen, wobei die gut ausgestatteten überwiegen. An der Ostküste sind etliche auf FKK-Urlauber ausgerichtet. Die Preise für eine Übernachtung bewegen sich zwischen 12 und 20 €.

Die Ausstattung der Unterkünfte in den über **30 Feriendörfern**, die überwiegend an der Ostküste sowie im Küstenbereich um Calvi angesiedelt sind, ist sehr unterschiedlich. Man sollte sich daher anhand von Prospektmaterial genau informieren. Buchung über das Reisebüro oder direkt bei den Feriendörfern.

Für den Wanderer stehen im korsischen Nationalpark (Parc Régional de la Corse) 23 »gîtes d'étape« (Etappenlager) zur Verfügung. Eine Übernachtung kostet durchschnittlich 18 €, die Nacht in einem »refuge«, einer Wanderhütte mit Kochgelegenheit, 10 €.

Die »gîtes ruraux« (ca. 1200 Betten) liegen in der Nähe eines Bauernhauses oder eines Dorfes. Die einfach eingerichteten Ferienhäuser werden möbliert vermietet und besitzen immer eine Waschgelegenheit und eine Toilette. Information und Anmietung bei der **Centrale Réservation Loisirs Accueil** oder bei den Eigentümern. Die Broschüre »Gîtes de France: Corse« ist erhältlich bei allen Tourismusämtern.

Einige Klöster (»couvents«) nehmen Gäste auf. Unterkunft und Essen sind einfach, die Atmosphäre immer freundlich und familiär.

Empfehlenswerte Hotels und andere Unterkünfte finden Sie jeweils bei den Orten im Kapitel »Unterwegs auf Korsika«.

Essen und Trinken

Voilà la Corse! Ein Schlaraffenland für Freunde der ursprünglichen Küche und kräftiger Weine.

Der Comte Peraldi aus der Region Ajaccio, hier präsentiert bei einer Degustation in der Kelterei de Poix, ist ein feinwürziger Rotwein, der gerne zu Wildgeflügel und Wurstwaren getrunken wird.

Essen und Trinken 17

Die Korsen sind keine Gourmets, sie ziehen ihre einfache, deftig-würzige und sehr schmackhafte einheimische Küche der des Mutterlandes vor. In den Dörfern und kleineren Städten wird traditionell mit Olivenöl und den Kräutern der Macchia wie »népita« (Bergmelisse), »alloru« (Lorbeer) oder »morta« (Myrte) gekocht und gebraten. Und aufgedeckt wie früher: mit der einzigartigen »charcuterie corse« aus dem Fleisch frei herumlaufender Schweine, dem mit Speck gespickten »lonzo« (Schweinefilet); dem »prisuttu« (roher Schinken), zu dem frische Feigen serviert werden; den dunklen »figatelli« (geräucherte Wurst aus Nieren, Herz und Leber); dem würzigen Ziegenfleisch und deftigen Eintöpfen; den »pivarunata« aus Corte (Ragout aus Zicklein mit Paprikaschoten), der schmackhaften »pâté de merle« (Amselpastete mit Myrte gewürzt); Fischsuppen wie der »aziminu« (eine Suppe aus Mittelmeerfisch); Muscheln und Seeigel an den Küsten, Bachforellen im Landesinneren, Langusten vom Cap Corse und Bonifacio.

Die Pasta ist so gut wie in Italien, der »stufatu« (Nudeltopf), bei dem abwechselnd Fleischragout mit Nudeln und Reibkäse geschichtet wird, die »suppa corsa« (eine Art Minestrone), die »pulenta« aus Maronenmehl, der würzig-aromatische »brocciu«, ein Frischkäse aus Schaf- und Ziegenmilch, mit dem Omelettes, Kuchen, Pfannkuchen und Krapfen gefüllt werden: Die korsische Küche lohnt sich gerade in abseits gelegenen Restaurants und Familienlokalen. Nicht nur in der Karwoche zu empfehlen sind die »canistrelli« (mit Anis gewürzte Mandel- und Haselnussplätzchen).

Auf Korsika wird heute dank der »pieds noirs«, der Algerienfranzosen, die sich nach der algerischen Unabhängigkeit auf Korsika niedergelassen haben, mehr Wein angebaut als vor hundert Jahren, davon sieben Prozent A.O.C-Weine und neunzig Prozent Rotweine. Die korsischen Weine sind kräftig und körperreich, aber nicht allzu schwer. Als erstes Anbaugebiet konnte sich Patrimonio das Gütesiegel einer **Appellation d'Origine Contrôlée** erkämpfen. Heute gibt es auf der Insel mehrere A.O.C.-Distrikte.

Der **Niellucio** gibt einen körper- und bukettreichen Wein (Patrimonio

Korsische Rebsorten

und in der Casinca); der **Sciacarellu** ist bukettreich und ergibt einen eleganten, säurebetonten Wein; der **Vermentino** ist eine weiße Traube und ergibt einen frischen, trockenen Weißwein. Die besten korsischen Rotweine kommen aus Patrimonio, vom Cap Corse (Domaine Peretti), aus der Balagne (Clos Reginu), aus Ponte-Leccia (Vicol), aus Ajaccio (Clos Capitoro, Domaine Peraldi) und aus Sartène (Santa Barba und Domaine Fiumicicoli). Der natursüße, honigfarbene »Muscat« vom Cap findet immer mehr Anhänger, genauso wie der »Rappu«, ein natursüßer roter Dessertwein vom Cap Corse.

Der klassische Aperitif ist noch immer der Pastis (»Pastizzata«), süße Liköre wie »Cédratine« (aus der Zedratfrucht) sowie der leicht parfümierte Myrtenlikör (»Murtellina«) und der Kastanienlikör (»Castagnja«) erfreuen sich großer Beliebtheit. Unverzichtbare »pousse-cafés« sind »Eaux de Vie« (Klare) aus Macchia-Kräutern und ein Marc. Wird man von Korsen eingeladen, bieten sie gerne einen nach alten Familienrezepten angesetzten »Vin d'orange« oder »Vin de noix« an.

Die Restaurants haben in der Regel über Mittag von 12 bis ca. 14 bzw. 15 Uhr geöffnet und abends von 19 oder 20 bis ca. 23 Uhr.

Empfehlenswerte Restaurants und andere Lokale finden Sie jeweils bei den Orten im Kapitel »Unterwegs auf Korsika«.

Einkaufen

Regionales Kunsthandwerk wie Möbel, Schmuck oder Keramik ist wieder groß im Kommen.

Ein beliebtes Mitbringsel aus dem Korsika-Urlaub ist Olivenöl, gesehen in einem Souvenirgeschäft in Nord-Korsika.

Einkaufen

Um das langsame Aussterben des **traditionellen Handwerks** zu verhindern und um die alten Handwerksberufe zu fördern, die verlassenen Dörfer im Landesinneren wirtschaftlich zu beleben und die Ausbildungsmöglichkeiten von jungen Kunsthandwerkern zu verbessern, haben sich Künstler 1964 zur **Corsicada**, einer Genossenschaft, zusammengetan, deren Sitz in Pigna in der Balagne ist. In den von ihnen betriebenen Kunsthandwerksläden (korsisch: »case di l'artigiani«) werden Schnitzereien, Töpferwaren, Kerzen, Körbe, Teppiche, Westen aus Lammfell, Löffel aus Kastanienholz, bunte Seidentücher und auch Öl und Honig verkauft.

Eine Casa di l'Artigiani oder Casa Paesana gibt es in allen größeren Städten und Orten. Sie sind auf jeweils unterschiedliche Handwerksarbeiten spezialisiert. **Webarbeiten** kauft man am besten in Bastia, Corte, Porto-Vecchio, Sant'Antonino und Venaco. **Möbel** gibt es in Ajaccio, Croce und La Porta, **Korbwaren** und **Keramik** in Ajaccio, Bastelicaccia, Bastia, Cargèse und Polveroso.

Korallenschmuck sucht man am besten in Bonifacio oder Porto-Vecchio aus, **Töpferwaren** und Keramik in Monaccia d'Orezza und Farinola. Außerdem als willkommenes Mitbringsel für Daheimgebliebene zu empfehlen sind Gegenstände aus Oliven- oder Kastanienholz, Mineralien (Rhyolith, Porphyrit und Diorit), Stroh- und Weidenkörbe sowie Kleidung aus Wolle (Schals und Decken).

Aus dem sehr schönen Stein Augendiorit (diorit orbicularis), den es nur auf Korsika gibt, werden **Schmuckstücke** und allerlei Kunsthandwerk gefertigt. Sehr beliebt ist auch Schmuck aus rosa, weißen und schwarzen Korallen. Empfehlenswerte Schmuckgeschäfte gibt es in Saint-Florent und Bonifacio.

An kulinarischen Mitbringseln stehen zur Auswahl: Honig aus den Blüten der Macchia, Nugat, Olivenöl, Gewürze, Wurstwaren, Kastanienmarmelade, Orangen-, Pfirsich-, Nuss- und Myrtenwein oder -likör, Schaf- und Ziegenkäse.

Köstliche kulinarische Spezialitäten

Auf Korsika gibt es neun so genannte A.O.C.-Gebiete (Appellation d'origine contrôlée). Nur diese **Weine** dürfen die Qualitätsbezeichnung »Vin de Corse« tragen, an die strenge Produktanforderungen gestellt werden, und doch hätten viele andere Weine dieses Prädikat verdient.

Adressen von Winzern:
Calvi-Balagne
– Clos Reginu
20225 Muro; Tel. 04 95 61 72 11
Côte Orientale
Domaine de la Ruche Foncière
20215 Arena Vescovato;
Tel. 04 95 36 51 14
Côteaux du Cap Corse
Clos Nicrosi
20247 Rogliano; Tel. 04 95 35 41 17
Figari
L'Omu di Cagna
Coopérative de Figari-Pianottoli,
an der N 196; Tel. 04 95 71 80 60
Patrimonio
– Clos Marfisi
20253 Patrimonio; Tel. 04 95 37 01 16
– Domaine San Michele
20100 Sartène; Tel. 04 95 77 06 38

Öffnungszeiten

Es gibt auf Korsika kein einheitliches Ladenschlussgesetz, doch die Mittagspause – zwischen 12 und 15 Uhr – ist auch den Korsen heilig. Dafür öffnen die Geschäfte am Samstagnachmittag, die Bäcker sogar am Sonntagvormittag. In Touristengebieten haben viele Shops und Boutiquen auch über Mittag und bis spätabends geöffnet.

Empfehlenswerte Geschäfte und Märkte finden Sie jeweils bei den Orten im Kapitel »Unterwegs auf Korsika«.

Feste und Events

Von der Prozession bis zum Jazz-Festival wird das ganze Jahr über viel geboten.

Dieses Fest zählt zu den großen Ereignissen der Insel: Nach der Messe, die traditionell in Korsisch gesungen wird, tragen Männer in weißen Kutten die Statue der Schutzheiligen des Niolo über den Jahrmarkt in Casamaccioli (→ S. 81).

Feste und Events

Viele korsische Feste sind religiöser Art oder finden in Verbindung mit religiösen Feierlichkeiten statt. Die Osterzeit mit den **Karfreitagsprozessionen** gehört zu den herausragenden Festzeiten des Jahres. Überall auf der Insel werden die Prozessionen mit Segnung der Palmzweige (»rameaux«) durchgeführt. In Bonifacio tragen fünf Bruderschaften ihre bis zu 850 kg schweren Figurengruppen in einem feierlichen Umzug durch die Straßen; in Corte ehrt man in einer Prozession den »Christ mort«, in Sartène und Cargèse nehmen tausende von Gläubigen und Touristen an der Prozession des »Catenacciu« teil (→ MERIAN-Tipp, S. 21). In Erbalunga zieht die »cerca« (Suche) den Rosenkranz betend durch den ganzen Ort.

Im Lauf des Jahres feiern viele Orte ihre eigenen lokalen Kirchenfeste, ihren Stadtheiligen oder Kirchenpatron, oft mit Wallfahrten. Als eines der größten Feste Korsikas gilt das dreitägige **Volksfest A Santa** zu Ehren der Heiligen des Niolo in Casamaccioli.

Doch auch profane Feste und Veranstaltungen haben ihren festen Platz im Kalender. Viele Orte organisieren besonders in den Sommermonaten Musik- und Theaterfestivals oder auch sportliche Wettkämpfe, wobei die Informationsbüros der Städte und die Tageszeitungen über genaue Daten und Veranstaltungsorte informieren.

MÄRZ/APRIL

Notre-Dame de la Miséricorde
Fest der Schutzpatronin von Ajaccio.
18. März

Gründonnerstagsprozession
Segnung der Canistrelli in Calvi, Büßerprozession des »Toten Christus« in Corte durch die mit Kerzen festlich erleuchtete Stadt.

Karfreitagsprozession
Osterzeremonien in Cargèse, Prozessionen in Calvi, Bonifacio, Erbalunga (morgens und abends) und Sartène.

JUNI

Saint-Erasme
Der Schutzheilige der Fischer und Seeleute wird in Ajaccio, Propriano und Bastia geehrt.
2. Juni

Jazzfestival in Calvi
Ende Juni/Anfang Juli
Infos im Restaurant Le Chalut;
Tel. 04 95 65 00 50

JULI

Festivoce
Traditionelles Musikfestival in Pigna.
Anfang–Mitte Juli
Office de Tourisme, Place de la mairie, 20115 Piana; Tel. 04 95 27 84 42, Fax 04 95 27 82 72

AUGUST

Napoleons Geburtstag
Ajaccio ehrt seinen großen Sohn.
15. Aug.

Mariä Himmelfahrt
Volksfest in Bastia, Calvi, Sartène.
15. Aug.

SEPTEMBER

Santa di Niolo in Casamaccioli
8.–10. Sept.

MERIAN-Tipp

Mittelalterliches Karfreitagsspektakel in Sartène

Am späten Abend beginnt die Prozession, wenn sich der Catenacciu, der Gekettete, mit seinem schweren Kreuz auf den Bußgang macht, der den Gang Christi nach Golgatha nachvollziehen soll. Niemand weiß, wer unter dem roten Kapuzengewand (»cagoule«) steckt und warum er diese »Strafe« auf sich nimmt. Die Prozession zieht von der Marienkirche bis zur Kapelle Saint-Sébastien und zurück.

Sport und Strände

Die schönsten Buchten liegen an der Westküste, die Berge im Landesinnern laden zum Wandern ein.

Passionierte Kajakfahrer finden auf unzähligen Flüssen ideale Bedingungen für ihren Sport. Für Anfänger ist die Auswahl zwar weniger groß, doch ebenso reizvoll.

Sport und Strände 23

Traumstrände an der gesamten Westküste vom Cap Corse bis Bonifacio, südseeblaues Wasser und feine weiße Strände im Osten. Sehr zum Unwillen der Einheimischen hat sich Korsika zu einem gigantischen »Ferienclub« entwickelt. Doch Korsika-Liebhaber kommen heute nicht allein wegen der Strände und Badebuchten auf die Ferieninsel – Korsika ist auch ideal für zahlreiche Sportarten. Wassersport und Bergwandern zählen zu den beliebtesten.

Drachenfliegen/Paragleiten
Geeignete Reviere für Drachenflieger und Paragleiter liegen bei L'Ile Rousse, Ajaccio und bei Bastia. Informationen gibt die Association Move. Fragen beantwortet das Centre Ecole de Parachutisme:

Association ⇢ S. 112, C 6
Top Fun Aero Nautique
Plage de la Liscia, 40 bis,
cours Lucien Bonaparte, 20000 Ajaccio;
Tel. 04 95 51 11 47
Altore ⇢ S. 111, E 3/4
20217 Saint Florent, Res. Saint Anne;
Tel. 04 95 37 19 30

Höhlenforschung
Korsika ist an der Küste und im Inneren von zahlreichen Höhlen und Gängen durchzogen. 172 der 200 bekannten Tropfstein-, Erd- oder Meereshöhlen wurden kartographisch festgehalten. Zu den bekannten Höhlen zählen die **Grotte des Marins** bei Calvi und die **Grotte Marine du Sdragonato** bei Bonifacio. Die **Grotte de Pietrabella** im Asco-Tal ist bei geübten Höhlenforschern beliebt. Information:
Ligue Insulaire
Spéléologique Corse ⇢ S. 116, C 15
2, rue Martirelli, 20000 Ajaccio;
Tel. 04 95 21 68 21
Association Spéléo-
logique Cortenaise ⇢ S. 77, b 3
Monsieur Daniel Santoni
7, rue Colonel Ferracci, 20250 Corte;
Tel. 04 95 54 13 82

Kajak/Kanu fahren
Die korsischen Wildflüsse sind schweres, häufig extrem schweres Wildwasser, das nur in seinen Unterläufen leichter zu befahren ist. Achtung: Manche Wildflüsse können abschnittsweise leicht, schwer und sehr schwer sein!
Leichte Wildflüsse: Cavo, Fiumicicoli, Orbo, Ortolo, Rizzanèse, Solenzara, Tagnore, Taravo, Taragine und Tavignano. Schwere Wildwasser: Asco, Casaluna, Cavo, Cruzzini, Fango, Golo, Gravone, Liamone, Orbo, Ortolo, Prunelli, Rizzanèse, Tagnone, Taravo, Tavignano und Vecchio. Sehr schwere Wildwasser: Aira, Asco, Calasima, Criviscia, Cruzzini, Ese, Fango, Fium Orbo, Golo, Gravone, Grosso, Liamone, Orbo, Ortolo, Porto, Prunelli, Restonica, Rizzanèse, Tavignano, Taravo, Tartagine, Travo und Vecchio.
Information bei:
Comité Regional Corse de Kayak
Corri Bianchi, 20117 Eccica Suarella;
Tel. 04 95 25 91 19, Fax 04 95 25 90 79

Klettern
Könner zieht es zum Col de Bavella, in die Gegend um Corte, ins Vallée de la Restonica oder zu den Felsen der Sanguinaires. Das Klettern in der Calanche ist nur etwas für hartgesottene Sportler. Die besten Gebiete sind in einer Broschüre beschrieben: »Escalades Choisies« (ausgewählte Klettertouren), erhältlich bei Omnisport in Corte.
Comité Regional Corse Montagne
et Escalade ⇢ S. 116, C 15
Syndicat Intercommunal du Niolo
Mr. Acquaviva, Rte de Cuccia,
20224 Calacuccia; Tel. 04 95 48 05 22,
Fax 04 95 48 08 80

Rad fahren
Dies ist die beste Möglichkeit, wenn auch anstrengend, die Insel kennen zu lernen – für alle, die sich selbst durch extreme Steigungen und Gegenwind nicht erschüttern lassen.

Sport und Strände

Auch für das Mountainbike bietet Korsika auf den Waldwegen und abgelegenen Bergstraßen gute Möglichkeiten, die langsam entdeckt werden.

Rafting
Auf den Flüssen Golo und Tavignanu treffen sich die Rafting-Freaks. Information:
Objektiv Nature ⇢ S. 111, E 3
3, rue Notre Dame de Lourdes,
20200 Bastia; Tel./Fax 04 95 32 54 34;
www.objectif-nature-corse.com

Segeln
An den Küsten Korsikas gibt es fast überall Gelegenheiten zum Segeln. Vorsicht: Die Strömung macht auch geübten Seglern stark zu schaffen. Information gibt die Broschüre »Corse nautique – Wassersport auf Korsika« (in allen Tourismusbüros) oder:
Fédération Française de Voile
⇢ S. 116, C 15
Port de la Citadelle, 20000 Ajaccio;
Tel. 04 95 21 07 79

Tauchen/Schnorcheln
Korsika ist ein Paradies für passionierte Taucher und Schnorchler. Das klare Wasser bietet Sichtweiten bis zu 30 m. Zahllose Fischarten, Korallen und Wasserpflanzen, auch interessante Felsformationen und sogar einige Wracks mit römischen Amphoren kann man in Porto-Vecchio und Calvi, im Golf von Porto und bei Bonifacio entdecken. In fast jedem größeren Küstenort gibt es mittlerweile Tauchschulen, unter französischer, aber auch unter deutscher Leitung. Eine Auswahl:

Bonifacio ⇢ S. 121, D/E 24
Ateliers Barakouda
Avenue Sylvère Bohn; 20169 Bonifacio;
Tel. 04 95 73 13 02

Porto-Vecchio ⇢ S. 121, E 22
Bleu Odyssée
Res. Thalassa, Pezza Cardo;
20137 Porto-Vecchio; Tel. 04 95 72 15 94

L'Ile Rousse
Beluga Diving ⇢ S. 110, A 4
Die Schule wird von dem deutschen Ehepaar Gerda und Hans Berz geführt.
Route de Corbara; 20220 L'Ile Rousse;
Tel./Fax 04 95 60 17 36 und
06 15 19 07 93; www.beluga-diving.com;
Nov.–April für Einzelpersonen geschl.

Wandern
Als Gebirge im Meer bietet Korsika Wandermöglichkeiten jeglicher Schwierigkeit, von kurzen Spaziergängen an der Küste (Calanche bei Porto) bis zu hochalpinen Touren im Gebirge. Der **GR 20** (→ Grand Randonné, S. 89) gehört zu den berühmtesten Fernwanderwegen Frankreichs. Der Wanderweg **Tra Mare e Monti** verläuft entlang der Westküste (Conca–Cargèse) zwischen Meer und Gebirge und ist besonders im Frühjahr ein großartiges Erlebnis (→ MERIAN-Tipp, S. 25, 88). Viele weitere Wege wurden in den letzten Jahren für Wanderer erschlossen und markiert. Im Alta Rocca mit Ausgangspunkt Levie, Zonza wurden zum Teil alte Pfade wieder frei gelegt. Als Stützpunkt für Tageswanderungen bietet sich Corte und das Restonicatal an.

Wanderkarten: IGN-Karten Corse Nord/Sud Nr 73 und 74. Information in Spezialliteratur oder beim
Parc Naturel Régional de la Corse (Service Randonnée) ⇢ S. 116, C 15
2, rue Sergant Casalonga, 20184 Ajaccio;
Tel. 04 95 51 79 00, Fax 04 95 21 88 17;
www.parc-natural-corse.com

Windsurfen
Das Mekka der Surfer sind die große Bucht von Porto-Vecchio, die Baie de Cipriano nördlich und der Golf de Santa Giulia südlich von Porto-Vecchio. Die weite Bucht von Calvi 👫 bietet sich für Einsteiger an. Ebenso Algajola und Galeria. Der Golf von Ajaccio und Valinco bietet den Vorteil, auflandigen Wind von drei verschiedenen Richtungen zu haben. Gute Meer-

zugänge. Die Südspitze bei Bonifacio wird bei Mistral und Scirocco zum Treffpunkt der Freaks.

STRÄNDE

Ein Drittel der rund 1000 km langen Küste Korsikas ist Badestrand, fast überall mit klarem, sauberem Wasser. An der Ostseite vorwiegend flache, kilometerweite Sandstrände, die nur an wenigen Stellen von Felsen gesäumt oder unterbrochen werden. An der Westseite sind sie überwiegend felsiger Natur mit einigen schönen kleineren Sandbuchten. Im Nordwesten, zwischen Calvi und dem Cap Corse, liegen lange Sandstrände und felsige Partien. Im Süden bei Ajaccio, Cargése, Sagone und Propriano schöne weite Buchten. Badeschuhe nicht vergessen!

Im Norden:
Nonza ····⟶ S. 111, D 3
Unterhalb von Nonza am Cap Corse liegt ein feiner schwarzer Strand, etwa 3 km lang, von hohen Felsen umrahmt.

Im Nordwesten:
Plage de Calvi ····⟶ S. 112, C 5
Ein 5 km langer Superstrand, von Pinien begrenzt. Er zieht sich vom Ort aus an der Bucht von Calvi entlang.

Plage de la Roya ····⟶ S. 111, D 4
Die Plage de la Roya bei Saint-Florent hat feinen, hellen Sand. Sie ist 2 km lang und bietet einen schönen Blick auf den Ort. Tauchschule.

Im Westen:
Plage de Liamone ····⟶ S. 116, C 14
Heller Sand, teilweise mit Algenablagerungen, 3 km lang, in einer Felsenbucht. Herrliche Brandung. Nur für geübte Schwimmer!

Plage de Péro ····⟶ S. 116, B 13
Bei Cargèse erstreckt sich dieser breite Sandstrand in einer herrlichen Bucht, die von Felsen und genuesischen Türmen eingerahmt ist.

Im Süden:
Plage de Balestra ····⟶ S. 121, E 24
Feiner Sand, aber auch felsig. Eine schöne Sandbucht ist der Strand von **Tonnara**, 2 km Richtung Sartène.

Im Südosten:
Plage de Palombaggia
····⟶ S. 121, F 23
12 km südlich von Porto-Vecchio, feiner, weißer Sand, 2 km lang, eingerahmt von Felsen, Dünen und gewaltigen Pinien.

Im Osten:
Etang de Diane ····⟶ S. 119, E 17
Auf der Höhe von Aléria liegt die Naturisten-Anlage Riva Bella mit einem schönen Strand.

La Marane ····⟶ S. 115, E 9
20 km südlich von Bastia, am Ende eines langen Sandstreifens, 20 m breit und begrenzt vom Etang de Biguglia. Gut geeignet für Familien mit Kindern.

MERIAN-Tipp

Strada tra Mare e Monti (T. M. E. E)

Die korsische Bezeichnung für die schönste Küstenwanderung der Insel. Zwischen Meer und Gebirge verläuft der gut markierte Wanderweg teilweise auf alten Maultierpfaden entlang der Westküste. Oft durch die Macchia, die im Frühling (April, Mai) ihre ganze Blütenpracht ausbreitet und betörend gut duftet. Man ist versucht, an jeder Pflanze stehen zu bleiben und dran zu riechen. Immer wieder führt die Route in höhere Regionen, über kleine Pässe, um dann in ein Tal, zu einem Bach oder am Meer erneut anzusteigen. Doch es ist in der Regel keine Kraxelei wie im Gebirge, und man wird mit atemberaubenden Ausblicken belohnt (→ Routen und Touren, S. 88).

Familientipps – Hits für Kids

Unvergessliche Eindrücke sind auch für die kleinen Urlauber garantiert – im Sand oder in den Bergen.

Die Stunden im Hochseilgarten in der Nähe von Porto-Vecchio (→ S. 65) sind mit Sicherheit ein Riesenspaß – nicht nur für Kinder.

Familientipps – Hits für Kids

Eltern finden auf Korsika wie in allen romanischen Ländern eine überaus kinderfreundliche Bevölkerung. Wenn die Betten einmal nicht kindgerecht sein sollten, so stellt die »patronne« höchstpersönlich das Kinderbett ihres eigenen Nachwuchses oder das der Verwandtschaft ins Elternschlafzimmer. Restaurants bieten fast immer ein Kindermenü, »menu d'enfant«, an.

Die aufregende korsische Landschaft lässt den Eltern und Kindern fantasievolle und abwechslungsreiche Gestaltungsmöglichkeiten. Wer Familienferien auf Korsika verbringt, besucht die Insel meistens der **Strände** wegen. Man sollte jedoch nicht sorglos sein: Viele Strände sind nachlässig oder gar nicht bewacht und gefährlich wegen der Unterströmung. Naturerlebnisse der anderen Art werden ebenfalls immer beliebter: Wanderungen stehen auch bei Familien hoch im Kurs.

Die ewig langen Sandstrände entlang der Ostküste faszinieren Kinder besonders, doch auch im Westen bei Calvi, Propriano, am Golf von Sagon, L'Ile Rousse, Saint-Florent und bei Porto-Vecchio befinden sich herrliche Sandbuchten. Im Inselinneren gibt es zudem glasklare Bergbäche, die sich oft zu breiten Badepools erweitern und bei denen die angrenzenden Felsen zu Sprungtürmen werden.

Fahrten im motorisierten Schlauchboot entlang der zerklüfteten Westküste können für Kinder zum unvergessenen Erlebnis werden.

Lärmende Kinder sind im kleinen Vergnügungspark **Acqua Cyrne Gliss** in Porticcio ein Zeichen von größter Begeisterung: Gleich nach der Errichtung des Parks avancierten die acht Wasserrutschen zur Domäne der Kinder, bei der Erwachsene kaum Chancen haben.

Eine gute Alternative sind auch die Ferien auf dem Lande (»gîtes ruraux«) oder Ferien auf dem Bauernhof, wo nicht nur Großstadtkinder Bekanntschaft mit dem ursprünglichen und zuweilen rauen und archaischen Land- und Familienleben schließen können.

Zeigen und erklären Sie Ihren Kindern auf einer **Inselrundfahrt** mit dem Bus oder dem Auto die Insel, halten Sie immer wieder an, am besten bei den atemberaubenden Aussichtspunkten.

Erkunden Sie mit dem Rad die Schönheiten Korsikas, radeln Sie mit den Kids zum Beispiel zu den **archäologischen Stätten** von Filitosa und ihren rätselhaften Steinmonumenten (→ S. 70), oder besuchen Sie mit ihnen das kleine Bergdorf Lama, wo Korsen und Fremde gemeinsam versuchen, die korsische Kultur wiederzubeleben (→ MERIAN-Tipp, S. 38).

Ein Höhepunkt für Kinder (und Erwachsene) ist sicherlich die Fahrt mit der einspurigen Inselbahn »Micheline« (→ MERIAN-Spezial, S. 56) quer über die Insel.

Reiten, der beliebte Sport für die ganze Familie

Für ausgedehnte Ausritte gibt es ausgezeichnete Möglichkeiten in Bastia, Baracci, Levie, Propriano, Sagone, Sartène, Serra di Scopamene, Solenzara, Venaco, Zicavo, Zonza. Eine Reitstunde kostet zwischen 10 und 20 €, ein Halbtagesausritt zwischen 40 und 55 €. Über 25 Reitställe bieten Ausritte mit Führern an. Information:
Dachverband: Comité Regional Corse d'equitation ⋯> S. 116, C 15
19 Av. Noël Franchini, 20000 Ajaccio; Tel. 04 95 22 28 35

Eine besondere Attraktion für Kinder ist auch der im Hinterland von Porto-Vecchio gelegene Hochseilgarten. Es gehört schon eine Portion Mut dazu, sich mittels Drahtseilen weit über dem Boden zu hangeln.
Le parcours aventure
www.xtremsud.com; Erwachsene 22 €, Kinder 18 € für 3 Std.

Unterwegs auf Korsika

Hoch über dem Meer, auf einem 70 Meter hohen Kreidefelsen an der Südküste Korsikas, liegt die Hafenstadt Bonifacio (→ S. 59). Ihre exponierte Lage machte die Stadt immer wieder zum Zentrum kriegerischer Auseinandersetzungen.

Berg, Meer, Sand- und grandiose Felsenküste:
Die Insel im Mittelmeer bietet alles auf engstem
Raum. Und: Trotz ihrer Schönheit hat sich erfreu-
licherweise kein Massentourismus eingestellt.

Bastia und der Norden

Die längsten Sandstrände der Insel und das Cap Corse als Korsika im Kleinen.

Für viele Urlauber ist Bastia nur eine Zwischenstation auf dem Weg an die Strände der Ost- oder Westküste – dabei ist die Altstadt der ehemaligen Inselhauptstadt sehenswert und lohnt einen Aufenthalt: Blick auf den Alten Hafen von Bastia.

Bastia

Südlich der italienisch angehauchten Hafenstadt Bastia beginnt der längste Sandstrand der Insel, weit über 100 Kilometer mit FKK-Anlagen. Der Küstenabschnitt bis Solenzara ist weitgehend flach mit Weinfeldern und Zitrusplantagen, Muschelzucht in den Etangs. Im hügeligen Hinterland erstrecken sich die größten Kastanienwälder der Insel mit abgeschiedenen Orten. Südlich Solenzara reichen die Hügel bis ans Meer, teilweise Felsbuchten mit eingestreuten Sandstränden. Das Cap Corse im Norden Bastias gleicht einem Korsika in Miniatur.

Bastia ⇢ S. 111, E 3/4
60 000 Einwohner
Stadtplan → S. 33

Die größte Stadt und wirtschaftliches Zentrum Korsikas, Hauptstadt des Départements **Haute-Corse**. Ihren italienischen und ursprünglichen Charakter bewahrt die Stadt am besten um die Zitadelle, das Viertel um den alten Hafen, auch **Terra Vecchia** genannt, und die **Place St-Nicolas**. Im Sommer lebt Bastia im Rhythmus der Fähren: Wenn die Fährschiffe im Sommer täglich 7000 Autos und 20 000 Menschen ausspucken, scheint die Innenstadt überzuquellen. In den Cafés sind alle Plätze besetzt, und in den Läden des **Boulevard Paoli** wird das große Geschäft gemacht.

Bastia ist eine junge Stadt mit einer altehrwürdigen Vergangenheit: Nachdem das römische Mariana wegen der Malaria und der piratengefährdeten Lage aufgegeben und Biguglia von den Korsen zerstört worden war, bestimmte man 1372 den Hafenort Cardo als neue Stadt und errichtete einen Festungsturm (ital. bastiglia), daher der Name der Stadt. Bis 1793 war Bastia die Hauptstadt Korsikas, von 1796 bis 1811 Kapitale des Départements Golo.

Vom Hausberg, dem **Gerra di Pigno** (961 m), genießt man einen überwältigenden Blick über die Stadt, die Häfen und den **Etang de Biguglia**.

HOTELS/ANDERE UNTERKÜNFTE

L'Alivi ⇢ S. 33, nördl. b 1
2,5 km nördlich des Stadtzentrums zwischen Küstenstraße und Meer. Alle Zimmer mit Balkon und Seeblick. Kein Restaurant, dafür Privatstrand.
Route du Cap – Ville de Pietrabugno;
Tel. 04 95 55 00 00, Fax 04 95 31 03 95;
www.hotel-alivi.com; 37 Zimmer;
Nov.–Feb. geschl. ●●●

Hôtel de la Corniche ⇢ S. 111, E 3
Nördlich von Bastia in San Martino di Lota gelegenes, komfortables Hotel. Gutes Restaurant.
20200 San-Martino-di-Lota;
Tel. 04 95 31 40 98, Fax 04 95 32 37 69;
www.hotel-lacorniche.com; 16 Zimmer;
im Jan. geschl. ●●● CREDIT

Posta Vecchia ⇢ S. 33, b 3/4
Relativ ruhiges Hotel im Zentrum der Stadt.

MERIAN-Tipp

❸ Maison Saint-Hyacinthe

Wer würde nicht gerne einmal eine Nacht im Kloster verbringen? Ideal für alle, die nach langer Anreise abends in Bastia ankommen und die quirlige Betriebsamkeit der Stadt scheuen: Der polnische Konvent, sechs Kilometer von Bastia entfernt in den Hügeln des Cap Corse gelegen, ist eine Oase der Ruhe und nimmt die Gläubigen und »Ungläubigen« gleichermaßen herzlich auf. Einfache, aber gemütliche Zimmer und schmackhafte Mahlzeiten erwarten den Reisenden. Anfahrt auf D 80 bis Miomo, von dort 2 km auf D 31.

20200 San-Martino di Lota;
Tel. 04 95 33 28 29; 40 Zimmer ● ✉
⇢ S. 111, E 3

Bastia und der Norden

Mit einer Römertoga bekleidet, wacht Napoleon an der Place Saint-Nicolas über die Boule-Spieler.

8, rue Posta Vecchia/Quai des Martyrs;
Tel. 04 95 32 32 38, Fax 04 95 32 14 05;
www.hotel-Postavecchia.com; 49 Zimmer
●● CREDIT

Les Oliviers ····≻ S. 115, D 9
Die wenigen Zimmer sind schnell belegt. Kein Wunder, wer spät in der Nacht am Flughafen ankommt, findet hier die nächste und preiswerteste Unterkunft.
Route de la Canonica, 20290 Borgo/
Lucciana; Tel. und Fax 04 95 36 06 63;
7 Zimmer ● VISA

Spaziergang
Von der **Place Saint-Nicolas** führt der Weg in die enge **Rue Napoléon** und ihre Verlängerung, die **Rue des Terrasses** mit ihrem bunten Durcheinander von Boutiquen und Kunsthandwerk. Linker Hand steht die **Chapelle Saint-Roch**, dann die prächtige **Chapelle de l'Immaculée Conception** mit dem weiß-rot-schwarzen Portal. Die quirlige Straße führt zum Alten Hafen und dann zum Markt. Am **Vieux Port** steht die **Eglise de Saint-Jean Baptiste**. Auf der anderen Seite führt am Ende der Häuserreihe eine schön geschwungene Doppeltreppe zur **Zitadelle** hinauf. Dort befindet sich ein völkerkundliches Museum.

Sehenswertes
Chapelle Sainte-Croix
(Terra Nova) ····≻ S. 33, c 5
Den Innenraum der heiteren Barockkirche schmücken Putten und zierlich vergoldetes Stuckwerk. Der Kirchenpatron ist der von den Fischern Bastias noch heute sehr verehrte »Christus der Wunder«, ein schwarzes Kruzifix aus Ebenholz, das der Legende nach 1428 von zwei Fischern auf dem Meer treibend gefunden wurde. Das Gemälde der Mariä Verkündigung stammt aus dem 16. Jh.
Zitadelle

Chapelle de l'Immaculée Conception (Terra Vecchia) ····≻ S. 33, b 4
Ein Sonnenmosaik aus weißen, roten und schwarzen Kieselsteinen schmückt den Vorplatz vor der einschiffigen Kapelle (1611). 1859 restauriert, bietet sie sich dem Betrachter wie ein Theater dar: üppige Gold- und Marmordekoration, getäfelte und mit Stoff bespannte Wände, eine freskengeschmückte Decke und die Kopie eines Gemäldes der Unbefleckten Empfängnis von Murillo über dem Hochaltar. Links eine Marienstatue, die am 8. Dezember in einer Prozession durch die Straßen des Viertels getragen wird, rechts ein schönes genuesisches Kruzifix (18. Jh.). Links neben dem Eingang hängt die Kopie eines Gemäldes von Georges de la Tour.
Rue Napoléon

Chapelle Saint-Roch
(Terra Vecchia) ····≻ S. 33, b 3
Die Innendekoration der 1604 errichteten und 1900 restaurierten Betkapelle mit rotem Damast und vergoldeten Säulen stammt von dem Flo-

Bastia 33

rentiner Filiberto. Sehenswert: das Chorgestühl und die Prozessionsstatue des hl. Rochus.
Rue Napoléon

Place Saint-Nicolas
(Terra Vecchia) ····> S. 33, b 2/3
Auf dem von Straßencafés und Restaurants gesäumten Platz, einer über 300 m langen Esplanade, erheben sich ein Musikpavillon, Napoleon in Römertoga und weiter nördlich ein Kriegerdenkmal.

Saint-Jean Baptiste
(Terra Vecchia) ····> S. 33, b 4
Über dem Straßengewirr des Terra-Vecchia-Viertels beim Alten Hafen ragt die größte Kirche Bastias und Korsikas mit zwei Glockentürmen, hoher klassischer Fassade und pompösen Dekorationen hervor (1583). Der mächtige Barockbau wurde im 18. Jh. mit Marmor, Gold, Stuck und illusionistischer Malerei dekoriert. Einige Gemälde der Sammlung des Kardinals Fesch, der Hochaltar und der Taufstein aus polychromem Marmor lohnen eine Besichtigung. In der Sakristei schöne Möbel des 18. Jh.
Place de l'Hôtel de Ville

Sainte-Marie (Terra Nova)
····> S. 33, c 5
Die 1495 vom Bischof von Mariana errichtete Kirche war von 1570 bis 1811 Kathedrale. Einige Umbauten und der Glockenturm stammen von 1619. Das prunkvolle Innere der dreischiffigen Kirche ist im genuesischen Barockstil des 17. Jh. reich mit Gold und Marmor ausgeschmückt. Die silberne Figurengruppe der Himmelfahrt Mariens (18. Jh.) im rechten Seitenschiff wurde von dem italienischen Künstler Gaetan Macchi aus Siena angefertigt. Der Pisaner Künstler Fontana arbeitete das geschnitzte Chorgestühl (19. Jh.). Über dem Altar Sacré Cœur in der letzten Seitenkapelle links ein Gemälde der »Assomption de la très Sainte Vièrge« auf Holz (1512).
Zitadelle

ESSEN UND TRINKEN
A Casarella ····> S. 33, b 5
Eine gute Adresse, wo man einfallsreiche Küche zu angemessenen Preisen genießt, im Sommer vorzugsweise auf der Terrasse. In der Zitadelle gelegen.
6, rue Sainte-Croix; Tel. 04 95 32 02 32; So geschl. ●●● CREDIT

Berühmte Liköre wie den »Cap Corse«, aber auch Kastanien- und Myrtenliköre verkauft man bei L.N. Mattei in Bastia.

Bastia – La Canonica

Chez Huguette – Le Vieux Port
⤳ S. 33, b 4
Exzellente korsische Gerichte, köstliche Fischspezialitäten.
Immeubles des Arcades (Vieux Port);
Tel. 04 95 31 37 60 ●●

Le Bistrot du Port ⤳ S. 33, b 4/c 4
Kleines Restaurant mit stilvollem Ambiente und raffinierten Gerichten.
Quai des Martyrs; Tel. 04 95 32 19 83;
im Okt. geschl. ●● VISA

Le SIAM ⤳ S. 33, b 4
Hervorragende Küche zu annehmbaren Preisen.
2, rue de la Marine (Vieux Port);
Tel. 04 95 31 72 13; So geschl. ●● CREDIT

Lavezzi ⤳ S. 33, b 4
Hoch über dem farbigen Getümmel des Alten Hafens ein Logenplatz mit Balkon. Hervorragende Fischgerichte.
8, rue Saint-Jean; Tel. 04 95 31 05 73;
So geschl. ● CREDIT

EINKAUFEN
Marché ⤳ S. 33, b 4
Auf der Place de l'Hôtel de Ville im alten Stadtteil ist jeden Tag bis mittags Markt. Bauern und Kunsthandwerker aus der Umgebung präsentieren eine große Auswahl ihrer Waren.
Tgl. außer Mo 5–12 Uhr

L. N. Mattei ⤳ S. 33, b 4
Im Traditionsgeschäft Mattei erhält man die ganze Auswahl korsischer Liköre.
2, rue Saint-Jean

U Paesu ⤳ S. 33, b 3
Korsische Spezialitäten aus kleinen Betrieben. Große Auswahl.
Altstadt, 4, rue Napoléon

AM ABEND
Discothèque L'Apocalypse
⤳ S. 111, F 4
Große (Freiluft-)Diskothek, wo an Wochenenden Bastias Jugend und Touristen gleichermaßen abfeiern.

> **MERIAN-Tipp**
> **4 Cyrnarom**
> **Le Composition des Parfumes** ist Parfümgeschäft und Museum zugleich. Mr. Cecchini ist ein Genie seines Fachs. Seit über 30 Jahren stellt er die unterschiedlichsten Duftwässerchen und Cremes her. Typisch korsisch ist »Macchjedu«. Diese Essenz verbreitet den Duft der Macchia.
>
> 29, avenue Emile Sari ⤳ S. 33, b 1

La Marana/Etang de Biguglia;
Tel. 04 95 33 36 83

SERVICE
Auskunft
Office du Tourisme ⤳ S. 33, b 2
Place Saint-Nicolas;
Tel. 04 95 54 20 40, Fax 04 95 54 20 41;
www.bastia-tourisme.com,
OT-Bastia@wanadoo.fr; im Sommer tgl. 8–20 Uhr, im Winter Mo–Fr 8.30–12 und 14–19, Sa, So 9–12 Uhr

Ziele in der Umgebung
La Canonica ⤳ S. 115, D 9

Die einstige Kathedrale **Santa Maria Assunta**, die »Canonica«, gilt wegen ihrer reinen Linien, der harmonischen Proportionen, des kargen Skulpturenschmucks, der diskreten Polychromie und der kunstvoll bearbeiteten Materialien als Prototyp der romanischen Kirchen pisanischen Stils auf Korsika. Bei archäologischen Arbeiten wurden Fundamente der römischen Siedlung Mariana freigelegt. Das doppelte Taufbecken im Baptisterium und das Mosaik zeigen christliche Symbole wie Fische, Hirsche, Delfine sowie die vier Flüsse des Paradieses. Die 1119 vom Erzbischof von Pisa geweihte dreischiffige Kathedrale wurde im 16. Jh. teilweise zerstört und erst vor wenigen Jahrzehn-

Bastia und der Norden

Die Halbinsel Cap Corse reicht weit ins Meer hinaus. Die Berge ragen über 1300 Meter auf, die Küstenstraße ist kurvig.

ten restauriert. Ihr fehlt wie vielen frühen Kirchen der seitlich stehende Glockenturm (Schlüssel zur Kirche in der Bar »La Canonica« an der Zufahrtsstraße D 107).

Ein paar hundert Meter entfernt, auf einem Feld, steht die aus dem 9. Jh. stammende, kleine Kirche **San Parteo**, die ebenfalls über einem frühchristlichen Gotteshaus und einem zum Teil noch heidnischen Friedhof errichtet wurde. Schöne Apsis, an der Südseite zwei Löwenskulpturen.

Wallfahrten jedes Jahr am Pfingstmontag. Ruinen einer frühchristlichen Basilika aus dem 4. Jh. direkt vor der Kirchensüdseite. Ab Bastia gut 20 km einfach.

20 km südöstl. von Bastia; Anfahrt vom Flughafen Bastia-Poretta oder von der Abzweigung zum Flughafen an der N 193 unmittelbar schräg rechts über die D 107

Cap Corse ···→ S. 111, D 1/E 1

Ein Gebirgszug teilt die 40 km lange und 13 bis 15 km breite Halbinsel, eine Art Miniaturausgabe von Korsika, in zwei Teile. Einmal um das Cap herum sind 130 km, Kurve an Kurve. Das Cap überrascht durch malerische Sandkieselstrände, pittoreske Dörfer und kleine, in den Buchten liegende Häfen. So weit das Auge reicht, sieht man Terrassen mit Gärten, Weinbergen und Olivenhainen, unterbrochen durch pisanische und genuesische Wachtürme und hohe Berge: Monte Stello (1307 m), Cima di Folicie (1305 m), Monte Alticcione (1139 m). Eine schöne Höhenstraße eröffnet herrliche Ausblicke.

Es gibt eine Reihe von Orten am Cap Corse, die Sie unbedingt gesehen haben sollten. Da ist zum Beispiel **Canari** (D 33) mit seiner romanischen Kirche Sainte-Marie-Assunta (13. Jh.) aus grünem Schiefer sowie der Kirche Saint-François mit vergoldetem Holztabernakel (17. Jh.) und einem Triptychon (15. Jh.) über dem Taufbecken. Versäumen Sie in Canari auf keinen Fall das entzückende Restaurant »U Scogliu« an der Marine de Canelle (Tel. 04 95 37 80 06). Auch **Ersa** (D 80) und **Miomo** mit seinem wuchtigen Genueserturm (D 32) sind für (kunst-)historisch Interessierte lohnenswert. In der Wallfahrtskirche Notre-Dame-des-Grâces (17. Jh.) in **Lavasina** (D 80) hängt das Bild der Madonna von Lavasina (aus der Schule des italienischen Meisters Perugino) über einem monu-

MERIAN-Tipp

🛇 Hotel Castel Brando

Bei Ihrem Besuch des Cap Corse lohnt hier ein Zwischenstopp. Das Hotel ist ein alter korsischer Palais aus dem 19. Jh., die Zimmer sind mit Antiquitäten ausgestattet. Teilweise Meerblick. Schöner Garten mit Palmen und Swimmingpool.

BP 20, 20222 Erbalunga;
Tel. 04 95 30 10 30;
www.castelbrando.com; 35 Zimmer,
6 Suiten ●●●● CREDIT 🐕 ⤑ S. 111, F 3

---

mentalen Altarhaus aus schwarzem und weißem Marmor. In **Erbalunga** findet man einen Genueserturm am Meer. Das kleine Fischerdorf hat seine Idylle bewahren können.

Aus mehreren Ortsteilen besteht die Gemeinde **Luri** (D 180), die sich in einem grünen Tal ausbreitet, das zur Ostküste hin geöffnet ist. 6 km westlich von Luri steht der Seneca-Turm. In **Nonza**, 20 km nördlich von Saint-Florent an der D 80, steht die Kirche der hl. Julie, der Schutzheiligen Korsikas, mit einem wertvollen Marmoraltar (1694) und einem Gemälde der gekreuzigten Märtyrerin. Am nördlichen Ortsausgang findet man den Brunnen der Julia (über 160 Stufen zu erreichen): Einer Überlieferung nach wird er nie versiegen, weil das Wasser einst aus den Brüsten der Heiligen entsprungen ist und die Gärten von Nonza fruchtbar gemacht hat. Oberhalb des Ortes bietet sich ein schöner Ausblick vom viereckigen genuesischen Wehrturm aus grünem Serpentin. Im Restaurant »Auberge Patrizi« serviert man aromatische Schweinsleberwürstchen und wunderbare Käsekrapfen (Tel. 04 95 37 82 16). Eine barocke Dorfkirche (15. Jh.) und ein genuesischer Turm liegen in windiger Höhe des Weinortes **Tomino** im Norden der Halbinsel.

ca. 50 km nördl. von Bastia

Casinca ⤑ S. 115, D 9/10

Das mit Oliven und Edelkastanien bedeckte Hügelland zwischen Golo und Fium' Alto umfasst den Nordteil des Castagniccia-Berglandes und ist das am dichtesten besiedelte Gebiet der Insel. In **Castellare-di-Casinca** (D 106, 1 km westlich der N 198) sollten Sie die kleine romanische Kirche San Pancrazio mit dreifacher Apsis (10. Jh.) und einer Holzdachkonstruktion besichtigen. Von **Loreto-di-Casinca** (D 106) aus, einem malerischen Ort mit Kirche und Campanile, kann man einen großartigen Blick auf die Bergdörfer der Casinca genießen. Ein typisches korsisches Dorf mit Häusern aus dickem Schiefer ist auch **Vescovato** (D 237, 2 km westlich der N 198). Sehenswert sind hier der adlergekrönte Dorfbrunnen und die Kirche San Martino (15. Jh.) mit einem Tabernakel aus weißem Marmor, das die Auferstehung zeigt (1441).

23 km südl. von Bastia

Castagniccia
⤑ S. 114/115, C 10–E 11

Im Nordosten erstreckt sich zwischen Golo und Tavignano das fruchtbare Bergland der Castagniccia, ein mediterraner Urwald, dessen riesige Kastanienwälder der Landschaft ihren Namen gegeben haben. Die Kastanie war bis zum Ende des 19. Jh. der »Brotbaum« der Bauern; noch Mitte der 1950er-Jahre gehörten diese Wälder zu den bevölkerungsreichsten Gebieten der Insel. Inzwischen bewohnen mehr Laufschweine als Menschen die Gehölze. Hier sprudelt auch das auf Korsika allgegenwärtige Mineralwasser aus der Orezza-Quelle.

Die Castagniccia, Heimat des Nationalhelden Pasquale Paoli, war im korsischen Unabhängigkeitskrieg ein Zentrum des Widerstandes. In den Klöstern Morosaglia, Orezza und Alesani versammelten sich die patriotisch gesinnten Bauern (»caporali«) bei den sogenannten »consultas«.

Auch hier in der Castagniccia gibt es eine Reihe sehenswerter Orte, deren Kirchen und Kapellen einen Besuch lohnen. In der Pfarrkirche Saint-André in **Campana** (D 71) hängt hinter dem Altar ein dem Spanier Francisco Zurbarán (1598–1664) oder einem seiner Schule zugeschriebenes realistisches Gemälde »Anbetung der Hirten«. **Cervione** (D 71/D 330) hat in seiner romanischen Kapelle Santa-Cristina Fresken (15. Jh.), die als die besterhaltenen der Insel gelten. 1736 machte »König« Neuhoff Cervione zu seiner Hauptstadt. Im ehemaligen Bischofspalais befindet sich heute ein ethnografisches Museum.

Eine frühromanische Kapellenruine (12./13. Jh.) mit einem Chorhaupt aus einem kleinteiligen, in Braun, Grau und Grün gehaltenen Schiefermauerwerk finden Sie in **Valle-di-Rostino** (D 15). Der kleine Ort **Felce** (D 71) hat eine schlichte, schiefergedeckte Dorfkirche mit vierstöckigem Glockenturm, im Kircheninnern naive Fresken.

MERIAN-Tipp

6 Unterkunft mit Charme im Bergdorf Lama

»Blühende Kommune« darf sich das Dorf jetzt zu Recht nennen. Um das vor etlichen Jahren fast entvölkerte Bergdorf Lama, 450 m hoch über dem Tal des Flüsschens Ostriconi gelegen, mithilfe des »integrierten Tourismus« zu neuem Leben zu erwecken, wurden preiswerte »gîtes« – Ferienwohnungen in restaurierten Häusern – eingerichtet.

Informationen im Office de Tourisme, 20218 Lama/Ponte-Leccia;
Tel. 04 95 48 23 90, Fax 04 95 48 23 96; www.ot-lama.com; Anfahrt über
N 197, D 8 ····⟩ S. 114, B 9

Das schöne Bergdorf **Morosaglia** (D 71) ist die Heimat von Pasquale Paoli. In Paolis Geburtshaus werden in einer kleinen Kapelle seine sterblichen Reste aufbewahrt, in den anderen Räumen persönliche Dinge und Dokumente. Im Ortsteil Stretta steht die mehrfach umgebaute Pfarrkirche Santa Reparata, die in ihrem Mauerwerk noch einige skulptierte Steine aus dem Mittelalter zeigt. Auf dem Bogenfeld der Westtür bilden zwei ineinander verschlungene Schlangen (12. Jh.) eine kunstvolle Verzierung. Der »Kreuzweg« im Innern ist ein volkstümliches Werk des 18. Jh.

Die Kapellenruine **San Petru d'Accia** am Hang des Monte San Petrone, der höchsten Erhebung der Castagniccia, gilt als die einstige Kathedrale des Bistums Accia, das 596 auf Veranlassung von Papst Gregor errichtet wurde. Die Grundmauern sowie ein großer Teil der Apsis stammen vom Ursprungsbau.

60 km südl. von Bastia

....

Etang de Biguglia
····⟩ S. 111, F 4

Der flache See von Biguglia, eine 1500 ha große Lagune, ist für seine Aale, Meeräschen und Wolfsbarsche bekannt. Auf diesem Sandstreifen reihen sich Feriendörfer und Hotels. In der Mitte des Sees liegt die bewohnte Insel **San Damianu**.

Ca. 20 km südöstl. von Bastia

....

Nebbio   ····⟩ S. 111, D 4/E 4

Zwischen der macchiabewachsenen Felsenwüste der Agriates und dem Etang de Biguglia liegt die Terrassenlandschaft des Nebbio mit ihren lieblichen Weinbergen, Olivenhainen, Obstgärten und Weiden. Die Dörfer in dem auch **Conca d'Oro** (Goldmuschel) genannten Gebiet liegen auf den Höhen am Rand des Aliso-Beckens. Nicht

Castagniccia – Valle-de-Pietrabugno

nur für Archäologen etwas Besonderes ist in **Patrimonio** (D 81) der rätselhafte, 2,29 m große Menhir »Nativu« aus Kalkstein mit deutlich markierten Schultern, skulptierten Ohren und markantem Kinn. Die Kriegerstatue wurde 1964 bei Planierungsarbeiten gefunden. Unbedingt probieren sollten Sie den Wein von Patrimonio!

Im Herzen des Nebbio liegt die malerische, orientalisch anmutende Kirche **San Michele** 475 m hoch, einsam und verträumt auf einem Gebirgsvorsprung. Sie gilt als die bekannteste romanische Kirche Korsikas und aufgrund ihrer Farbgebung auch als die »eleganteste«. Der Überlieferung nach soll sie in einer einzigen Nacht erbaut worden sein. Die Mauern aus dunkelgrünem Serpentin und weiß schimmerndem Kalkstein bilden dekorative Muster. An der Westfassade mit dem Eingang befinden sich drei Blendarkaden, an den Bögen plastische Darstellungen menschlicher Figuren, an den Seitenfassaden Motive im Flachrelief. Die halbkreisförmige Apsis ist aus Rundungsteilen zusammengefügt. An der Fassade steht der viereckige Campanile, der im 19. Jh. restauriert, doch leider zu hoch gebaut wurde. Die Reste von Fresken stammen aus dem 12. Jh.
Anfahrt über N 193, D 82 und D 5; 21 km südwestl. von Bastia

Das romanische Kleinod San Michele steht einsam auf einer Anhöhe.

Saint-Florent ⇢ S. 111, D 4

Zwischen der Désert des Agriates und der geballten Inselfaust des Cap Corse liegt im Golf der Badeort Saint-Florent, der bereits zu Zeiten der Römer ein Handelsplatz war; weder Mistral noch Libeccu konnten den geschützten Hafen erreichen. Die Genuesen bauten im 15. Jh. die kleine Siedlung an der Mündung des Flüsschens Aliso zum Flottenstützpunkt und bedeutenden Handelsplatz aus. Gleich an die Altstadt grenzt der seichte Sandstrand, der den Kindern ein großes Plantschvergnügen bereitet. Im Sommer ist in der Hauptstadt des Nebbio kein Bett mehr frei und kein Platz im Jachthafen zu bekommen.

Die Kathedrale **Santa-Maria-Assunta** (1140 vollendet) liegt etwas außerhalb. Das Mauerwerk aus Marmorsteinen, im Innern sind wunderbare Säulenkapitelle zu sehen, in einer Seitenkapelle werden die Reliquien des hl. Florus, Schutzpatron der Stadt, der im 3. Jh. den Märtyrertod starb, in einem gläsernen Reliquienschrein aufbewahrt (Besichtigung Mo, Do 18–19, Di, Mi, Fr 17.30–19 Uhr).
83 km nordöstl. von Calvi

Valle-de-Pietrabugno
⇢ S. 111, E 3

In einer Kirche aus dem Ende des 18. Jh. kann man ein Gemälde aus dem 17. Jh., das die Überreichung des Rosenkranzes an den hl. Dominik darstellt, eine schöne Orgel aus dem 18. Jh. und Fresken entdecken.

Von Ajaccio bis Calvi

Korsika zeigt sich im Westen von seiner wilden Schönheit.

Eine aufstrebende Stadt, die sich viele Reminiszenzen an vergangene Zeiten bewahrt hat: Ajaccio ist die quirlige Metropole des korsischen Südwestens.

Großartige Badebuchten, wilde Steilküste, malerische Orte und eine lebendige Hauptstadt: Der Westen Korsikas bietet eine unglaubliche Vielfalt auf engstem Raum. Beliebte Badestützpunkte sind Calvi mit seiner pittoresken Altstadt und Zitadelle, Ile Rousse mit den unterschiedlichsten Stränden, Saint-Florent im Norden und die weiten Golfe Sagone und Ajaccio im Süden.

Wer die Küste mit dem eigenen Fahrzeug erschließen möchte, braucht Zeit, denn die Straßen sind gerade im Bereich der Steilküste bei Porto kurvig, schmal mit atemberaubenden Ausblicken. Wanderer können die Küstenlandschaft auf dem wohl schönsten Fußweg der Insel, dem »Tra Mare e Monti« (→ MERIAN-Tipp, S. 25, 88), hautnah erleben.

Ajaccio ···→ S. 116, C 15

58 000 Einwohner
Stadtplan → Umschlagkarte hinten

Der zweitgrößte Hafen der Insel liegt am nördlichen Ende des gleichnamigen Golfes – großzügig mit schönen Alleen und Boulevards, schattigen und weiten Plätzen, farbenprächtigen Märkten und lauten Einkaufsstraßen mit eleganten Boutiquen. Die Stadt wurde von den Römern gegründet (lat. Adiacium), das heutige Saint-Jean-Viertel (Festung) war Ende der römischen Kaiserzeit eine blühende Siedlung, die im 10. Jh. von den Sarazenen zerstört wurde. Die Neugründung erfolgte 1492 durch die genuesische Bank des Heiligen Georg, der 1543 mit Korsikas Verwaltung betraut wurde. Zehn Jahre später eroberte der korsische Freiheitsheld Sampiero Corso die Stadt und übergab sie den Franzosen (Bau der Zitadelle), dann wurde sie wieder genuesisch. Erst 1592 erhielten korsische Familien Bürgerrecht. 1731 flüchteten zahlreiche Griechen aus der Gegend um Cargèse in die Stadt. 1768 verkaufte Genua, vom Widerstand der Korsen zermürbt, die Insel an Frankreich. Ein Jahr später wurde Napoleon im »französischen« Ajaccio geboren. Seine Heimatstadt verehrt ihn auf Straßen und Plätzen, in Häusern und Denkmälern. Während der Revolution avancierte Ajaccio 1793 zum Verwaltungszentrum des Départements Liamone und 1811 zur Hauptstadt der Insel.

Hotels/andere Unterkünfte

Campo dell' Oro ···→ S. 116, C 15
Modernes, komfortables Hotel, 4 km vom Zentrum entfernt. Mit Garten, Schwimmbad und gutem Restaurant.
Plage du Ricanto;
Tel. 04 95 22 32 41, Fax 04 95 20 60 21;
www.hotelcampo.com; 138 Zimmer
●●●● CREDIT 🐕

Eden Roc ···→ Umschlagkarte hinten, südwestl. a 6
Luxushotel der Relais-et-Châteaux-Kette mit beheiztem Schwimmbad und einem schönen Garten. Das Restaurant **La Toque Impériale** trägt seine »kaiserliche« Mütze zu Recht.
Route des Sanguinaires;
Tel. 04 95 51 56 00, Fax 04 95 52 05 03;
www.edenroc-corsica.com; 40 Zimmer
●●●● AmEx MASTER VISA 🐕

Les Mouettes ···→ Umschlagkarte hinten, südwestl. a 6
Altes Herrenhaus mit schöner Terrasse. Direkter Zugang zum Meer.
9, bd. Lucien-Bonaparte;
Tel. 04 95 50 40 40, Fax 04 95 21 71 80;
www.hotellesmouettes.fr; 28 Zimmer
●●●● VISA ♿ 🐕 (bis 12 kg)

Fesch ···→ Umschlagkarte hinten, d 4
Das prachtvollste Hotel der Stadt wurde mit Möbeln im alten Stil eingerichtet, der Service ist korrekt, die Preise sind angemessen.
7, rue du Cardinal-Fesch;
Tel. 04 95 51 62 62, Fax 04 95 21 83 36;
www.hotel-fesch.com; 77 Zimmer ●●●
CREDIT 🐕

San Carlu

----> Umschlagkarte hinten, e 6

Modern eingerichtetes und komfortables, zentral gelegenes Hotel.
8, bd. Danielle Casanova;
Tel. 04 95 21 13 84, Fax 04 95 21 09 99;
40 Zimmer ●●● MASTER VISA ♿

Kalliste

----> Umschlagkarte hinten, d 2

Zentral gelegenes Haus mit gutem Preis-Leistungs-Verhältnis. Schöne Zimmer. Das Personal an der Rezeption spricht Englisch, teilweise auch Deutsch. Autovermietung im Hause.
51, cours Napoléon;
Tel. 04 95 51 34 45, Fax 04 95 21 79 00;
www.hotel-kalliste-ajaccio.com;
48 Zimmer ●● VISA 🐕

SPAZIERGANG

Überall Napoleon, ein Napoleon in Blickweite des anderen: Auf der winzigen **Place Letizia** steht die Büste des »Roi de Rome«, Sohn des Kaisers und der Marie Louise von Österreich. An seinen Vater erinnert das bescheidene Geburtshaus in der **Rue Saint-Charles**, Ecke Rue Letizia, in dem der spätere Kaiser am 15. August 1769 das Licht der Welt erblickte. An der **Place Foch**, Ecke Avenue Antoine Sérafini, gedenkt man in der heutigen Bürgermeisterei seines Bruders Jérôme, des Königs von Westfalen. Von der Place Foch geht es direkt zur Geschäftsstraße **Rue du Cardinal Fesch**, der Hauptstraße des stimmungsvollen alten Hafenviertels Borgo, wo eine Tafel an dem Haus Nr. 28 daran erinnert, dass der Bürgermeister von Ajaccio im Mai 1793 Napoleon drei Tage verbarg und dann in die Provence bringen ließ. Am Ende der Rue Fesch liegt die Chapelle Impériale mit den Sarkophagen der kaiserlichen Familie.

SEHENSWERTES

Chapelle des Grecs

----> Umschlagkarte hinten, südwestl. a 6

Kleine, um 1600 gestiftete Kapelle, die 1732 den aus Paomina vertriebenen Griechen als Gotteshaus zur Verfügung gestellt wurde. Im Innern sind über hundert Votivtäfelchen der wundertätigen Mystikerin, der heiligen Teresa von Avila, gewidmet. Über dem Hauptaltar hängt ein Gemälde der Krönung der Jungfrau mit Heiligen und den Figuren des Stifters Pozzo di Borgo und seiner Gemahlin (1632).
Route des Sanguinaires/Bd. Nicéphore Stéphanopoli de Comnène

Chapelle Impériale

----> Umschlagkarte hinten, d 3/e 3

1857 von Napoleon III. als kaiserliche Grabkapelle bestimmt. Paccard, der »Architekt der Krone«, errichtete sie im Renaissancestil aus Steinen von Saint-Florent in Form eines Lateinerkreuzes. Der Stadtarchitekt Jérôme Maglioli schuf die weite Kuppel in Steinarchitektur. Auf dem Hochaltar steht ein bemerkenswertes koptisches Kruzifix, das Kaiser Napoleon 1799 bei seiner Rückkehr aus Ägypten seiner Mutter schenkte. In der Kapellengruft stehen die Sarkophage von sieben Mitgliedern des Clans. Auf den Verschlusstafeln aus schwarzem Marmor sind u. a. die Namen Marie-Letizia Ramolino (Mutter) und Charles Bonaparte (Vater) zu lesen.
Rue Fesch, Eingang über Musée Fesch

Notre-Dame-de-la-Miséricorde

----> Umschlagkarte hinten, d 5/6

Die auch La Madunuccia genannte Kathedrale wurde ab 1852 in Form eines griechischen Doppelkreuzes errichtet. Links vom Eingang sieht man eine Tafel mit den letzten Worten des Kaisers: »Wenn man meine Leiche ebenso verbannt, wie man meine Person verbannte, so möchte ich in der Kathedrale zu Ajaccio beigesetzt werden.« In der schlichten Kathedrale wurde Napoleon am 21. Juli 1771 getauft (Taufbecken rechts vom Portal in einer umzäunten Nische). Über dem Altar Notre-Dame del Pianto (16. Jh.), hängt die »Vierge du Sacré Cœur« von Eugène Delacroix (1798–1863).

Das winzige Archipel der Iles Sanguinaires (→ MERIAN-Tipp, S. 46) befindet sich am nördlichen Ende des Golfs von Ajaccio.

In der ersten Seitenkapelle die Statue der Madunuccia aus weißem Marmor (18. Jh.). Der mächtige Hauptaltar ist ein Geschenk der Prinzessin Elisa Bacciocchi (Schwester Napoleons). Einen Blick wert sind die kleinen Gemälde der Rosenkranzkapelle.
Place Diamant

Place d'Austerlitz
┈┈> Umschlagkarte hinten, westl. a 6
Napoleon mit Mantel und Zweispitz – eine Replik der Statue steht im Ehrenhof des Invalidendoms in Paris.

Place Charles-de-Gaulle
┈┈> Umschlagkarte hinten, d 5
Ein Bronzedenkmal von Viollet-le-Duc zeigt Napoleon hoch zu Ross neben seinen vier Brüdern und zwei Siegesgöttinnen.

Place Diamant
┈┈> Umschlagkarte hinten, c 5
Den Charme der früheren Jahre hat der Platz verloren, seinen Musikpavillon aber zurückbekommen: ein guter Grund für viele Ajacciens, hier zu diskutieren oder von den alten Zeiten zu schwärmen.

Place du Maréchal Foch
┈┈> Umschlagkarte hinten, e 5
Napoleon als Konsul in römischer Toga, mit Lorbeerkranz, Steuerruder und Weltkugel, blickt vom Sockel auf das Meer. Die Marmorsäule stammt von Maximilien Laboureur, der Vier-Löwen-Brunnen von Jérôme Maglioli. Der Platz wird von zahlreichen Restaurants gesäumt.

Saint-Erasme
┈┈> Umschlagkarte hinten, e 6
In dieser 1617 von den Jesuiten errichteten kleinen Kapelle weihte der »Rat der Alten« 1657 seine Stadt, um die Einwohner vor der Pest zu bewahren. Im Kircheninnern sind Schiffsmodelle zu sehen, die gerettete Seeleute gestiftet haben, eine von Putten umgebene Statue des hl. Erasmus, dem Schutzherrn der Seeleute, und mehrere Chormäntel und Diakongewänder für das Pontifikalamt.
Rue Forcioli-Conti

Saint-Jean-Baptiste
┈┈> Umschlagkarte hinten, e 5
In der Kapelle der Bruderschaft Johannes (1581) fasziniert der »cristo

moro«; das Kruzifix aus tief nachgedunkeltem Birnbaumholz soll aus der frühchristlichen Kathedrale von Ajaccio aus dem Stadtteil Castel Vecchio stammen.
Rue du Roi-de-Rome

Saint-Roch
····⟩ Umschlagkarte hinten, d 3
Die schlichte kleine Kapelle der Korallenfischer ist dem Heiligen Rochus gewidmet (1599).
Rue Fesch

MUSEEN
Musée Fesch
····⟩ Umschlagkarte hinten, e 3
Seit dem Umbau (1990) zeigt das Museum über 1200 Gemälde verschiedener italienischer Meister (von der Schule Giottos bis zum 18. Jh.). Im linken Flügel ist die Bibliothek Fesch untergebracht – aus Klöstern und Adelshäusern zusammengetragen von Kardinal Josef Fesch (1763 bis 1839), Stiefbruder von Letizia, Napoleons Mutter.
50, rue Fesch; www.musee-fesch.com; Juli/Aug. Mo 14–18, Di–Do 10.30–18, Fr 14–21.30, Sa/So 10.30–18 Uhr, April–Juni/Sept. tgl. außer Mo 9.30–12 und 14–18 Uhr, Okt.–März nur bis 17.30 Uhr, So/Mo geschl.; Eintritt 5,35 €

Maison Bonaparte
····⟩ Umschlagkarte hinten, e 5
Vor dem schlichten Gebäude (18. Jh.) steht die Büste des Königs von Rom, Napoleon II., als Kind (E. J. Vezien, 1936). Zweiter Stock, 1. Saal: eine bis 1959 fortgeführte Ahnentafel der Familie sowie Dokumente aus dem persönlichen Besitz des Kaisers und seines Vaters. 2. Saal: Bildnisse der Geschwister. 3. Saal: zeigt den Alkoven, in dem Napoleon nach seiner Rückkehr aus Ägypten geschlafen haben soll. 4. Saal: gewidmet Napoleon III. und seiner Gattin Eugénie. Im ersten Stock das Geburtszimmer Napoleons I.
Rue Saint-Charles/Rue Letizia; Okt.–März Di–So 10–12 und 14–16.45, April–Sept. Di–So 9–12 und 14–18 Uhr; Eintritt 4 €, Kinder frei

Musée Napoléonien
····⟩ Umschlagkarte hinten, e 4/5
In einem prunkvollen Saal des Rathauses sind die Geburtsurkunde und die Totenmaske Napoleon I., Münzen und Medaillen, Skulpturen und Gemälde der kaiserlichen Familie ausgestellt.
Hôtel de Ville, Place Foch; tgl. außer Sa/So 9–11.45 und 14–16.45 bzw. 17.45 Uhr; Eintritt 2,30 €

Edle Meeresfrüchte und andere kulinarische Leckerbissen kann man auf dem Markt von Ajaccio erstehen – oder sich einfach daran »satt sehen«.

Essen und Trinken
Restaurant de France
·····> Umschlagkarte hinten, d 2
Die beste Adresse im Herzen der Stadt mit gutem Preis-Leistungs-Verhältnis.
58, rue Fesch; Tel. 04 95 21 11 00;
So geschl. ●● CREDIT

U Tavonu
·····> Umschlagkarte hinten, e 5
Etwas versteckt in der Altstadt ist das Restaurant bekannt für seine Fischspezialitäten.
3, rue Pozzo di Borgo; Tel. 04 95 50 02 50
●● MASTER VISA

Einkaufen
L'Atelier du Couteau
·····> Umschlagkarte hinten, e 1/2
Hier sind alle Messer Unikate und bei Sammlern sehr beliebt.
2, rue Bonaparte; Tel. 04 95 52 05 92

Bijouterie Sicurani
·····> Umschlagkarte hinten, d 5
Hier können Sie das seltene Inselgestein Corsit (diorit orbicularis) in diversen Formen erwerben.
8, cours Grandval

Am Abend
Casino Municipal
·····> Umschlagkarte hinten, c 6/d 6
Glücksspiel in edlem Ambiente. Im Haus auch die Disco **La Place**.
Boulevard Pascal Rossini;
Tel. 04 95 50 40 60

Privilège
·····> Umschlagkarte hinten, d 5
Gemütliche Pianobar und Disco mit wechselndem Abendprogramm.
7, rue Eugène Macchini;
Tel. 04 95 50 11 80

Service
Auskunft
·····> Umschlagkarte hinten, e 4/5
Office du Tourisme
3, bd. Roi Jérôme, 2000 Ajaccio;
Tel. 04 95 51 53 03, Fax 04 95 51 53 01;

MERIAN-Tipp
✡ Le 20123

So etwas gibt es nur einmal auf der Insel. Da ist zum einen das außergewöhnliche Ambiente einer »Stadt in der Stadt«, das den Eindruck vermittelt, in einer Altstadtgasse zu sitzen. Zum anderen überzeugt die Küche, in der frische Produkte des Landes zubereitet werden.

2, rue du Roi-de-Rome;
Tel. 04 95 21 50 05; Mo geschl. ●●
CREDIT ·····> Umschlagkarte hinten, d 5

www.ajaccio-tourisme.com;
Mo–Sa 8–20.30, So 9–13 Uhr

Ziele in der Umgebung
Bastelica ·····> S. 117, F 14

Etwa 40 km nordöstlich von Ajaccio liegt in über 800 m Höhe der aus sechs Weilern bestehende Ort Bastelica. Hier wurde der »korsischste aller korsischen Helden« (lu piu corso di lu corsi) geboren: Sampiero Corso (1498–1567); hier begann die Blutrache um das Jahr 1000 mit dem Mord an Arrigo Bel Messer de Venaco durch den Grafen Forte di Cinarca, dessen Söhne daraufhin ertränkt wurden. Sehenswert sind das Bronzedenkmal des Sampiero vor der Kirche von Santo (Ortsteil Bastelica) und das Geburtshaus Sampieros (Ortsteil Dominicacci): Es trägt eine korsische Inschrift von William Bonaparte Wyse, einem Enkel von Lucien Bonaparte (1855).
33 km nordöstl. von Ajaccio; Anfahrt von Ajaccio über N 196 bis Cauro, von dort auf die D 27

Bocognano ·····> S. 117, F 13/14

Schöner Ort in den Kastanienhainen des Gravona-Hochtals. Im 19. Jh. wur-

Von Ajaccio bis Calvi

> **MERIAN-Tipp**
>
> **8 Bootsausflug: Iles Sanguinaires**
>
> Die vier »Blutinseln« mit ihren einzigartigen, oft blutrot flammenden Sonnenuntergängen an der nördlichen Golfküste sind der beliebteste Ausflugsort der Ajacciens und mit dem Boot leicht zu erreichen. Ein ergreifend schönes Naturschauspiel, das Sie sich nicht entgehen lassen sollten! Bootstouren sind zu buchen bei:
>
> Nave va, Abfahrt tgl. 15, zurück um 18 Uhr; Tel. 04 95 21 83 97 (Stadtbüro) oder 04 95 51 31 31 (Hafenbüro); Preis 22 € pro Person ⸺> S. 116, B 16

de Bocognano durch zwei Mörder bekannt, die mit Unterstützung der Bevölkerung 40 Jahre über die Macchia herrschten. Nahe der Post steht ein schöner Brunnen aus dicken Kieseln. Etwa 3 km südlich lohnt der höchste Wasserfall der Insel, der »Voile de la Mariée« (Brautschleier), einen Abstecher. Wenige Kilometer entfernt erhebt sich die Menhirstatue »Tavera«.
34 km nordöstl. von Ajaccio; Anfahrt über die N 193

Cargèse ⸺> S. 116, B 13

Im Norden über dem Golf von Sagone liegt die »Griechenstadt« Cargèse mit einer von zahlreichen Ikonen geschmückten **griechisch-orthodoxen Kirche (1852)**. Besonders eindrucksvoll ist ein Heiligenbild mit dem Antlitz Johannes des Täufers. Im Innern ist nach orthodoxem Ritus der Chor durch eine Ikonastase mit Heiligenbildern vom Schiff getrennt. Sehenswert ist das Tafelbild (13. Jh.) der Salbung Christi. Die Buchten um Cargèse bieten nicht nur traumhafte Bade- und Wassersportmöglichkeiten am herrlichen Sandstrand, sondern auch schöne Wanderungen in der Umgebung.

Golfe de Sagone
⸺> S. 117, D 14

Der weite Golf im Norden von Ajaccio ist wegen seiner feinen Sandstrände interessant, die nur von vereinzelten Felsbuchten unterbrochen sind. Ein sehr schöner Platz für alle möglichen Sportaktivitäten: Baden, Surfen, Mountainbiketouren im Hinterland.
38 km nordwestl. von Ajaccio

Porticcio ⸺> S. 117, D 15

Beliebtes Freizeit- und Wassersportzentrum mit einem über 2 km langen Sandstrand. Bei Kindern beliebt ist der kleine Vergnügungspark **Acqua Cyrne Gliss**.
18 km südöstl. von Ajaccio

HOTELS/ANDERE UNTERKÜNFTE
Sofitel-Thalassa
Elegantes Hotel mit Meerwasserkuranlage auf einer Landzunge. Das Hotelrestaurant »Le Caroubier« serviert exzellente korsische Spezialitäten.
Pointe de Porticcio, 20166 Porticcio; Tel. 04 95 29 40 40, Fax 04 95 25 00 63; www.accorhotels.com und Korsika eingeben; 98 Zimmer ●●●● CREDIT ♿

ESSEN UND TRINKEN
Auberge du Prunelli
Hier werden von Madame Pittiloni auf der luftigen Terrasse regionale Spezialitäten serviert.
20129 Pisciatello; Tel. 04 95 20 02 75; Di geschl.; Reservierung erforderlich ●● VISA

Porto ⸺> S. 112, B 8/C 8

Der Ort verdankt seine Anziehungskraft der geschützten Lage in einer herrlichen Bucht und dem traumhaft schönen Hinterland. Er ist ein idealer Ausgangspunkt für Ausflüge: zu den **Calanche**, bizarren, rötlich gefärbten Felsformationen, über **Ota** in die Spe-

Bocognano – Calvi

lunca-Schlucht oder per Schiff zum Küstenreservat **La Scandola** und nach **Girolata**. Ferner zählen seine Tauchgründe zu den interessantesten ganz Korsikas. Portos Wahrzeichen ist der viereckige pisanische Wachturm; berühmt sind die malerischen Sonnenuntergänge. Die UNESCO hat Porto und die umgebende Küste zum Weltkulturerbe erklärt.

73 km nördl. von Ajaccio

Hotels/andere Unterkünfte
Le Maquis
Das Haus, bekannt für seine gute Küche, vermietet auch einige Zimmer.
An der Kreuzung von D 81 und D 124 nach Ota; Tel. 04 95 26 12 19, Fax 04 95 26 12 77; www.hotel-lemaquis.com
•• MASTER VISA 🐕

Service
Auskunft
Office du Tourisme
Quartier la Marine (am Hafen);
Tel. 04 95 26 10 55; Fax 04 95 26 14 25;
www.porto-tourisme.com

Sagone ···> S. 116, C 13

Kleiner Ort mit einer Hand voll Hotels. Hier steht ein alter genuesischer Rundturm, die ehemalige Kathedrale Sant' Appiano. Links von der Kirchenruine (12. Jh.) die Menhir-Statue Sagone II., die im 19. Jh. in Appriciani gefunden wurde.

Vico ···> S. 116, C 13

Das Hinterland wird als **Cinarca** bezeichnet. Ein fruchtbares Tal, das einst von den Grafen von Cinarca beherrscht wurde. **Vico** mit seinen hohen Häusern ist das alte Zentrum, da die Küste wegen der Malaria nicht bewohnbar war. In dem von Hügeln und Macchia umstandenen Ort steht der **Couvent Saint-François** (1481) mit dem ältesten Holzkruzifix Korsikas.

Bei einem Ausflug entlang der Küste des Golf von Porto ergeben sich schöne Einblicke in die zahlreichen Buchten.

Nur wenige Kilometer entfernt in **Murzu** befindet sich das außergewöhnliche Restaurant »Auberge U Fragnu«, eingerichtet in einer alten Ölmühle (Tel. 04 95 26 69 26). Weiter landeinwärts liegt Guagno-les-Bains mit kleinem Kurbetrieb (Rheuma, Ischias).

Calvi ···> S. 112, C 5
3700 Einwohner
Stadtplan → S. 49

Für den Griechen Ptolemäus war Calvi der »berühmteste«, für die Römer ein strategischer Hafen. Für nicht wenige stolze Calvesi ist ihre Stadt auch die »Stadt des Kolumbus« – soll der genuesische Seefahrer doch in Calvi geboren sein. Der Küstenort am Nordwestrand der Insel wurde von den Genuesen 1268 an der Stelle einer zerstörten frühchristlichen Gemeinde erbaut und in kurzer Zeit zur militärischen Hauptstadt der Region ausgebaut. Calvi, das noch immer wie eine mittelalterliche Festung aussieht, ist Sitz einer Unterpräfektur und Verwaltungszentrum der Balagne. Seine Rolle als wichtigster Hafen der Region hat Calvi an L'Ile Rousse abtreten müssen. Mittelpunkt der hoch auf einem Felsvorsprung über dem Meer liegenden Altstadt ist die auf dem höchsten Punkt des Felsens wachende Kirche **Saint-Jean-Baptiste**. Die Neustadt ist eine gesichtslose Gründung des 19. Jh. Aus der Stadt des Militärs wurde im Laufe der Zeit eine Metropole der Badetouristen und Mittelmeeryachten; das gebirgige Hinterland verführt zu Ausflügen, die herrlichen Strände zum Dolcefarniente, die Discos zum Austoben und zum Flirt. Am schönsten ist Calvi im Mai und Juni, im September und Oktober.

Hotels/andere Unterkünfte

L'Abbaye ····> S. 49, südl. b 3
Modernes Hotel hinter den Mauern einer wieder aufgebauten Franziskanerabtei. Am Ortseingang in Strandnähe gelegen.
Route de Santore; Tel. 04 95 65 04 27, Fax 04 95 65 30 23; www.hostellerie-abbaye.com; 1. Nov.–30. März geschl.; 43 Zimmer ●●●● CREDIT

Auberge de la Signoria
····> S. 112, C 6
Stilvoll-romantische Oase unter Pinien- und Eukalyptusbäumen: ein schönes und altes, niedrig gebautes Haus für Liebhaber der Ruhe. Rechtzeitige Buchung ist empfehlenswert.
Route de la Forêt de Bonifato;
Tel. 04 95 65 93 00, Fax 04 95 65 38 77;
www.auberge-relais-lasignoria.com;
1. Nov.–31. März geschl.; 16 Zimmer
●●●● MASTER VISA

Saint-Erasme ····> S. 49, westl. a 2
Schön gelegenes Haus mit Blick auf die Revellata-Halbinsel.
Route de Porto; Tel. 04 95 65 04 50, Fax 04 95 65 32 62; www.hotel-st-erasme.com; 16. Okt.–14. April geschl.; 30 Zimmer ●●● MASTER VISA

Aria Marina ····> S. 49, westl. a 2
Am Südhang des Ortes in ruhiger Lage über der Felsenküste.
Route du Bord du Mer;
Tel. 04 95 65 04 42, Fax 04 95 65 03 69;
11. Okt.–30. März geschl.; 10 Zimmer
●● VISA

Spaziergang
Beim Aufstieg auf den Hausberg von Calvi, den **Capu di a Veta** (703 m), fasziniert immer wieder der Blick auf die Stadt mit der Zitadelle und dem piniengesäumten Golf. Die Wanderung ist leicht auch für Ungeübte zu bewältigen. Markierung.
Dauer: 4 Stunden hin und zurück

Sehenswertes
Citadelle ····> S. 49, a 1/2
Die niemals bezwungenen wuchtigen Befestigungsmauern aus riesigen Granitblöcken (13.–15. Jh.) schützten die mittelalterlichen Häuser der Oberstadt, Saint-Jean-Baptiste, den Oratoire Saint-Antoine und den ehemaligen Gouverneurspalast. Drei Bastionen sicherten die Stadt von der Seeseite. Von der Place Christophe-Colombe erreicht man über eine Zugbrücke die Festung. Am Eingang steht eine Tafel mit der Inschrift »Civitas Calvi semper fidelis« – Calvi blieb Genua immer treu, folgte nie Pasquale Paoli, dem Vater des Vaterlandes. Von den Mauern genießt man eine herrliche Aussicht auf Unterstadt, Hafen, Golf, Monte-Cinto-Massiv und Pointe de la Revellata.

Hôtel de Ville ····> S. 49, b 2
Im ersten Stock des Bürgermeisteramtes hängen in der **Salle du Conseil** (Saal des Stadtrats) einige schöne alte Gemälde.
Place du Docteur Marchal;
Mo–Fr 8–12 und 14–17 Uhr

Oratoire Saint-Antoine ····> S. 49, c 2
Die kleine Kapelle (1510) in der Zitadelle dient der Antonius-Brüderschaft zur Aufbewahrung ihrer Prozessions-

figuren und ist zugleich ein Museum religiöser Kunst der Balagne. Der skulptierte Türsturz aus schwarzem Schiefer über dem Kapelleneingang zeigt den Heiligen Antonius den Großen mit seinem Attribut, dem Schwein. Außerdem sind Johannes der Täufer und der Heilige Franz (kniend) zu sehen. Fragmente eines Altarblatts aus dem 15. Jh. und zwei Fresken mit dem Kreuzigungsthema schmücken den kleinen Raum. Gleich neben der Kapelle liegt der Eingang zur **archäologischen Sammlung**.
Zitadelle (Innengasse Ostseite)

Rue Colombe ⇢ S. 49, c 2
Eine Marmorplatte an der einzigen noch erhaltenen Mauer des »Kolumbus-Hauses«, das beim englischen Bombardement 1794 weitgehend zerstört wurde, trägt folgende Inschrift: »Hier wurde 1441 Christophe Colombe geboren, der durch die Entdeckung der Neuen Welt unsterblich wurde, zur Zeit, als Calvi unter genuesischer Herrschaft stand. Er starb in Valladolid am 20. Mai 1506«. Der Beweis für diesen Anspruch steht allerdings noch aus.

Saint-Jean-Baptiste ⇢ S. 49, c 2
Die Johannes dem Täufer geweihte Kirche steht, von verfallenen Häusern umgeben, etwas erhöht auf dem Gipfel des Felsens über dem ehemaligen Exerzierplatz (Place d'Armes). Der von einer großen oktogonalen Later-

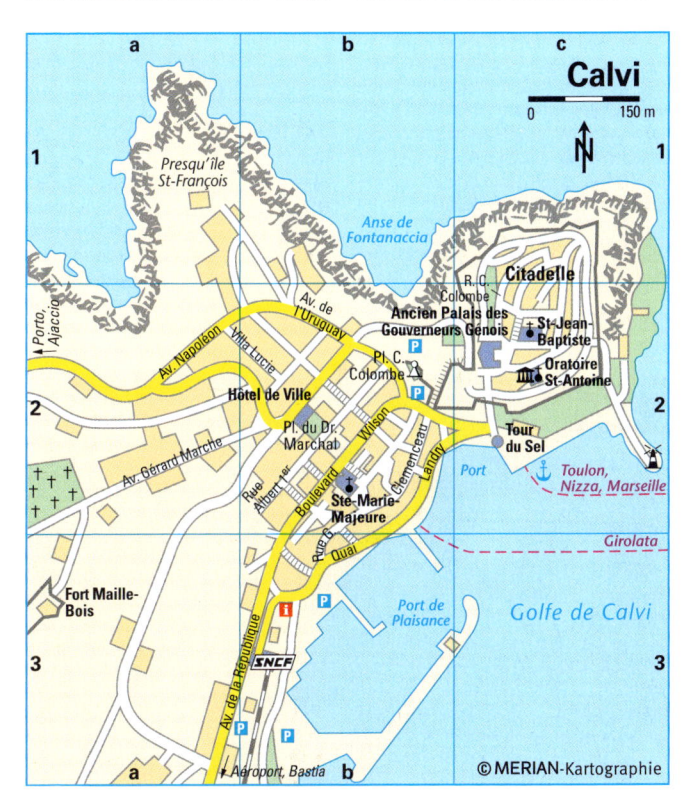

nenkuppel gekrönte Bau besitzt eine schlichte Fassade. Die im 13. Jh. in Kreuzform mit maurischer Kuppel errichtete und 1567 durch die Explosion des Pulvermagazins der ehemaligen Burg stark beschädigte Kirche wurde wieder aufgebaut und sechs Jahre später zur Kathedrale erhoben.

Rechts vom Eingang ein Weihwasserbecken aus Alabaster (1443) mit Engelsköpfen und dem Wappen wohlhabender Calvesi. Im Inneren der geradezu heiteren Kirche eine **Holzstatue der Jungfrau vom Rosenkranz** aus Sevilla (1757). Die Jungfrau wird vor der Karwoche in hellblauen Taft mit weißen Spitzen gehüllt und auf ein Podest ins Kirchenschiff gestellt. Bei der Karfreitagsprozession trägt die Figur schwarz.

Der sehenswerte, mehrstufige **Altar** aus verschiedenfarbigem Marmor ist mit Bronzeappliken versehen (16. Jh.). Rechts neben dem Altar steht der wundertätige **Christ des miracles** aus Ebenholz mit Silberschärpe, der die Türken 1555 von der Einnahme der Stadt abgehalten haben soll. In der **Sakristei** ein prachtvolles Triptychon des ligurischen Künstlers Barbagelata, 1498 auf Bestellung der Stadt geschaffen. Es zeigt Verkündigungsszenen, Episoden aus dem Leben Marias und Jesu sowie zahlreiche lokale Heilige. Links vom Eingang ein Taufstein (1568) sowie ein hölzernes Tabernakel (17. Jh.), flankiert von zwei Kreuzen, die Büßer zweier Bruderschaften in der Karwoche schultern.

Sainte-Marie-Majeure ⋯⋯⋯⋯→ S. 49, b 2
Die Marienkirche (1774) in der Unterstadt mit weithin sichtbarer Kuppel und einer schlichten weißen Fassade sowie einem im 19. Jh. angefügten Glockenturm steht auf den Resten einer frühchristlichen Basilika. Die Pfarrkirche ist Zentrum des geistlichen Lebens von Calvi. In der Saison werden hier täglich Messen gehalten. Das Presbyterium bewahrt eine nur 42 cm hohe Christusfigur aus Elfenbein von dem Florentiner Sansovino.
Rue 6 Clemenceau

Essen und Trinken

Emile's ⋯⋯⋯⋯→ S. 49, b 2
Köstliches Felsenmeerbarbenfilet vor geschmackvoller Art-déco-Kulisse und Meerblick – was gibt es Schöneres?
Quai Landry; Tel. 04 95 65 09 60;
15. Okt.–15. März geschl. ●●● CREDIT

Farbige Steine, Blendarkaden und schlichte naive Skulpturen sind typische Stilmerkmale der pisanischen Romanik.

Ile de Beauté ⇢ S. 49, b 2/3
Eine legendäre Adresse, schön am Hafen gelegen, die zeitweise als eines der besten Restaurants von Korsika galt. Das neue Management gibt sich Mühe, die bisherige Qualität und den guten Ruf aufrecht zu erhalten.
Quai Landry; Tel. 04 95 65 00 46;
tgl. außer Mi 12–15 und 19.30–23.30 Uhr, Ende Okt.–Ende März geschl., Juli/Aug. kein Ruhetag ●●● CREDIT

Comme chez Soi ⇢ S. 49, b 2
Tatsächlich »wie zu Hause« fühlt man sich bei Albert-Yves Blondeau, auch wenn das Restaurant am Hafen etwas laut ist. Vorzüglich schmecken zum Beispiel die »aubergines confites à l'Indienne« oder das »filet de Saint-Pierre avec une sauce crevette«, und die guten Weine, die hier ausgeschenkt werden, runden den Besuch ab.
Quai Landry; Tel. 04 95 65 45 81;
tgl. 11.30–14.30 und 19.30–23 Uhr, 15. Feb.–15. März geschl. ●● MASTER VISA

A Stalla ⇢ S. 49, b 2
Mit Tischen auf der Fußgängerzone immer gut besucht. Die Muscheln werden hier auf korsische Art zubereitet. Empfehlenswert: Paella. Seitdem das Restaurant zum Cabaret A Stalla gehört, gibt es jeden Freitag und Samstag Abend korsische Livemusik zu hören.
13, rue Clemenceau; Tel. 04 95 65 21 48;
tgl. geöffnet, außerhalb der Saison nur am Wochenende, Nov.–März geschl.
●● CREDIT

La Santa Maria ⇢ S. 49, b 2
Im Sommer unbedingt vor 20 Uhr erscheinen, da sonst die Schlange zu lang wird. Vorzüglich die Paella.
Place de l'Eglise; Tel. 04 95 65 04 19;
jeden Abend geöffnet bis Okt. ● CREDIT

AM ABEND
Chez Tao ⇢ S. 49, c 2
Pianobar mit Restaurant. Heißestes Nachtlokal der Insel seit 1928.
La Citadelle; Tel. 04 95 65 00 73; 15. Juni bis 15. Sept. geöffnet; tgl. 19.30–3 Uhr

L'Acapulco ⇢ S. 49, westl. a 3
Beliebtes »Discothèque-Restaurant«.
Route de la Calenzana;
Tel. 04 95 65 08 03

La Camargue ⇢ S. 49, südl. a 3
Diskothek, Pianobar und Restaurant in einem.
Ponte de Bastia (RN 197);
Tel. 04 95 65 08 70

SERVICE
Auskunft
Office du Tourisme ⇢ S. 49, b 3
Port de Plaisance
Tel. 04 95 65 16 67, Fax 04 95 65 14 09;
E-Mail: omt.calvi@wanadoo.fr;
www.balagne-corsica.com

Bootsausflüge
Tagesausflüge nach Girolata und La Scandola – eine aufregende Küstenfahrt entlang der Calanche. Im Naturreservat leben Fisch- und Königsadler. Abfahrt im Hafen tgl. um 9.15 Uhr (Rückkehr 16 Uhr), Halbtagestrip (nur Scandola) Abfahrt um 14, Rückkehr um 18 Uhr.
Zu buchen bei:
Colombo Line; Tel. 04 95 65 32 10;
www.colombo-line.com

Ziele in der Umgebung
Algajola ⇢ S. 112, C 5

Auf halber Strecke zwischen Ile Rousse und Calvi liegt die alte phönizische Siedlung. Auch die Römer haben später in Algajola gewohnt. Bis heute hat der Ort sein wehrhaftes Aussehen bewahrt. Sehenswert: die **Zitadelle** (17. Jh.), die um das ursprüngliche Kastell errichtet wurde, und die Kirche **Saint-Georges** mit beachtlichen Malereien – schöne Kreuzabnahme von Guercino (1591–1666).
11 km nordöstl. von Calvi

Von Ajaccio bis Calvi

HOTELS/ANDERE UNTERKÜNFTE
L'Ondine
Im Zentrum von Algajola gelegenes, nettes Hotel mit Innenhof. Günstiger Ausgangspunkt für Wanderungen.
17, rue A. Marina; Tel. 04 95 60 70 02, Fax 04 95 60 60 36; 54 Zimmer; Nov.–März geschl. ●● AmEx MASTER VISA

Aregno ⇢ S. 113, D 5

Die **Chapelle A Trinità** (1177) zählt zu den schönsten pisanischen Kapellen der Insel. Sehenswert sind das polychrome Granitmauerwerk, die hohe, dreifach gegliederte Fassade, die interessanten Skulpturen und die Fresken eines lokalen Künstlers aus dem 15. Jh.

MERIAN-Tipp

9 Balagne

An der 40 km langen Küste liegen einladende Orte, auf den Hügeln hinter der Küstenebene malerische Dörfer, umgeben von Obstgärten und Weinbergen, Palmen, Agaven und Feigenkakteen. Die Balagne besteht aus der kargen »Balagne déserte« südlich von Calvi und der fruchtbaren, grünen »Balagne fertile« zwischen der nördlichsten Gebirgskette der Insel und der Küste mit dem Zentrum **Ile Rousse**. Schon in vorgeschichtlicher Zeit bewohnt, zog die heiterste Landschaft der Insel nacheinander Phönizier, Griechen und Etrusker an. Später siedelten sich Römer in der Balagne an und kultivierten das Land. Im frühen Mittelalter tauchten Sarazenen (Nordafrikaner) an der Küste auf, woran noch heute nordafrikanisch anmutende Ortsbilder der Dörfer **Sant' Antonino** und **Corbara** erinnern. Bis zum 20. Jh. war die Balagne eines der reichsten Landbaugebiete Korsikas (→ Routen und Touren, S. 87).

⇢ S. 112, B 6/S. 113, D 5

20 km nordöstl. von Calvi; Anfahrt über die N 197/D 71

Belgodère ⇢ S. 113, E 5

Der jahrhundertelange Stammsitz der Adelsfamilie Malaspina hat einem typisch korsischen Stadtbild bewahrt in seiner **Saint-Thomas-Kirche** mit Barockaltar ein Tafelbild (16. Jh.), das Maria mit dem Kind zwischen zwei Aposteln darstellt. Von der Festungsruine genießt man eine prachtvolle Aussicht auf das grüne Tal des Prato.
42 km nordöstl. von Calvi; Anfahrt über N 197

Calenzana ⇢ S. 112, C 6

Der »Balkon der Balagne«, wie Calenzana gerne genannt wird, ist von Weinbergen und duftender Macchia umgeben. Sehenswert ist die **Kirche Saint-Blaise** aus dem 18. Jh. (an Stelle des romanischen Vorgängerbaus) mit einem frei stehenden barocken Glockenturm und schönen Fresken. Calenzana ist Ausgangspunkt zweier Wanderwege: des GR 20 (→ S. 89) sowie der **Strada tra Mare e Monti** (→ MERIAN-Tipp, S. 25, 88).
124 km südöstl. von Calvi; Anfahrt über N 197/D 151

Corbara ⇢ S. 113, D 5

Maurisch anmutender Ort mit der Ruine der Savelli-Burg und einer kleinen Kapelle; die **Barockkirche L'Annonciation** zeigt einen typischen Hochaltar, Chorschranken aus Carrara-Marmor und Marmorskulpturen. Das während der Französischen Revolution zerstörte Kloster (15. Jh.) wurde 1857 wieder aufgebaut: sehenswerte Kanzel, Pietà, Kruzifix und Chorschranken aus polychromem Marmor.
21 km nordöstl. von Calvi; Anfahrt über N 197/D 151

Algajola – L'Ile Rousse 53

Die Place Paoli der Stadt Ile Rousse ist von zahlreichen Cafés gesäumt.

Forêt de Bonifatu
⤑ S. 112, C 6

Sehenswerter Domänenforst aus Eichen, Laricio und Seekiefern. Am Ende des befahrbaren Weges liegt die **Auberge de la Forêt**, ein einfaches Nachtquartier für Wanderer, die sich im dazugehörigen Restaurant auch kulinarisch von ihren Strapazen erholen können. Das Forsthaus ist Ausgangspunkt für die große Wanderung auf dem GR 20 sowie für den Küstenwanderweg **Tra Mare e Monti** (→ MERIAN-Tipp, S. 25, 88). Der Wald ist im Sommer aber auch sehr angenehm für kurze Tagestouren auf den beiden Wegen.

22 km südöstl. von Calvi; Anfahrt über N 197/D 251; Tel. 04 95 65 09 98

Couvent de Marcasso
⤑ S. 113, D 5

1621 wurde die Abtei errichtet. Die Kirche zeigt aufwendig dekoriertes Chorgestühl (17. Jh.) und vier holzgeschnitzte Heiligenfiguren. Übernachtungsgelegenheit im Kloster (Tel. 04 95 61 70 21).

16 km nordöstl. von Calvi; Anfahrt über N 197/D 71, 4 km südwestl. von Aregno

Feliceto
⤑ S. 113, D 5

Ein Besuch des »La Maison du Bandit«, dem Haus des Banditen, in 600 m Höhe auf dem Falconaghia (korsisch: Zuflucht des Falken) gelegen, bietet einen herrlichen Blick auf die Umgebung von Feliceto und das Mittelmeer sowie auf einen echten Adlerhorst.

26 km östl. von Calvi; Anfahrt über N 197/D 71

L'Ile Rousse
⤑ S. 110, A 4

Die »rote Insel« verdankt ihren Namen den vorgelagerten rötlich schimmernden Felseninseln. Die Kleinstadt ist das Geschäftszentrum der östlichen Balagne und ein bedeutender Jachthafen.

Im 18. Jh. gab es an dieser Stelle der Küste nur einen genuesischen Turm, bis Pasquale Paoli 1758 hier den Fischerei- und Handelshafen Isola Rossa gründete, als Konkurrenz zu Algajola und Calvi.

Gehen Sie unbedingt zur belebten **Place Paoli**. In der Platzmitte ragen vier hohe Palmen in den Himmel, die einen mit der Marmorbüste Pasquale Paolis geschmückten Brunnen beschatten. In der Altstadt steht die Pfarrkirche (1915 restauriert) mit einem klassizistischen Frontgiebel. Das schlichte Innere wird über der Vierung von einer unbemalten Kuppel abgeschlossen.

Die zahlreichen Badestrände der Ile Rousse lohnen einen Besuch.

22 km nordöstl. von Calvi. Sehr schön auch mit der alten Eisenbahn an der Küste entlang (→ MERIAN-Spezial, S. 56)

Immerhin 60 Menschen und sieben Esel leben hier: Sant' Antonino, der Inbegriff des korsischen Bergdorfs, ist nur über eine Schotterstraße zu erreichen.

Hotels/andere Unterkünfte
Hotel Splendid
Großes Haus nahe dem Strand mit eigenem Pool. Restaurant mit Palmen-Terrasse, Cocktailbar.
Avenue Come Valery; Tel. 04 95 60 00 24, Fax 04 95 60 04 57; www.le-splendid-hotel.com; 51 Zimmer ●● CREDIT

Essen und Trinken
A Pasturella
Im nahe gelegenen Monticello speist man hervorragend und in typischem Ambiente.
Monticello; Anfahrt über D 63; Tel. 04 95 60 05 65; www.a-pasturella.com; tgl. geöffnet ●● CREDIT

La Bergerie
Korsischer Bauernhof aus dem 17. Jh., heute Hotel mit Swimmingpool und Restaurant. Hier gibt es eine ausgezeichnete Mittelmeerküche; besonders zu empfehlen ist der Berberfischtopf.
Route de Monticello; Tel. 04 95 60 01 28; E-Mail: labergerie-corse@wanadoo.fr; tgl. außer Mo ●● MASTER VISA

Service
Auskunft
Syndicat d'Initiative
Place Paoli; Tel. 04 95 60 04 35, Fax 04 95 60 24 74; info@ot-ile-rousse.fr; www.ot-ile-rousse.fr

Lumio ⸺⟶ S. 112, C 5

Auf dem Friedhof des 200 m hoch gelegenen Ortes, von dem aus man einen besonders schönen Blick auf Calvi und den Golf hat, steht die kleine romanisch-pisanische Kirche **San Pietro e San Paolo** (11. Jh.). Der Eingang an der Südseite mit monolithischem Türsturz, mit Palmblattverzierungen an den Friesen. Unter dem Kranzgesims sieht man kleine Tierköpfe in den Zwickeln, an den Arkaden durchbrochene, in Hohlarbeit ausgeführte Kreise und Rauten.

In Lumio befindet sich auch die Werkstatt des französisch-polnischen Kunstschmieds Christian Moretti (Tel. 04 95 60 71 94), der die geschätzten »stili« herstellt – jene berüchtigten

»vendetta«-Dolche. »U Stile«, sagt er, »müssen l'âme (Seele) und lame (Klinge) haben.«
10 km nordöstl. von Calvi, 14 km von Ile Rousse; Anfahrt über N 197

Notre-Dame-de-la-Serra
⇢ S. 112, B 5

Auf einem 242 m hohen Felsen oberhalb von Calvi liegt die Wallfahrtskapelle, die nur an wenigen Tagen im Jahr geöffnet ist. Wunderbarer Blick auf die sanfte Bucht von Calvi und die schroffe Bergwelt der Balagne.
2 km westl. von Calvi

Pigna
⇢ S. 113, D 5

Hier haben sich zahlreiche Künstler und Kunsthandwerker niedergelassen. Der kleine Ort überrascht durch seine verwinkelten, fliesenbelegten Gassen und Treppenstraßen und durch seine Dorfkirche mit zwei kuppelgekrönten Türmen. Das gerundete Chorhaupt und die geschweifte Kontur des Giebelfeldes sind architektonisch besonders gelungen. Pigna ist der Hauptsitz der Corsicada, der korsischen Künstlergenossenschaft.
24 km nordöstl. von Calvi; Anfahrt über N 197/D 151

ESSEN UND TRINKEN
Casa Musicale
Zum Glück ein Geheimtipp geblieben: Am Rande von Pigna serviert die Casa Musicale deftige Spezialitäten wie Seeteufelmedaillons mit schwarzem Risotto. Auch Zimmervermietung.
Tel. 04 95 61 77 31; tgl. geöffnet ●●
MASTER VISA

Sant' Antonino
⇢ S. 113, D 5

Das schöne Bergdorf mit malerischen Gassen und hohen Häusern liegt fantastische 450 m hoch auf dem Gipfel eines Berges am Rande der Balagne. Viele Häuser standen leer, aber in den letzten Jahren haben die Korsen den hübschen Ort neu entdeckt. Wo jemand wohnt, ist nicht immer auszumachen. Auf jeden Fall genießt man von hier oben einen herrlichen Blick auf das Regino-Tal, die hügelige Balagne von Belgodère bis Lumio, das verschneite Hochgebirge und das Meer.
20 km nordöstl. von Calvi; Anfahrt über N 197/D 151

Speloncato
⇢ S. 113, D 5

Idealer Ausgangspunkt für Wanderungen in der Balagne. Einen tollen Blick auf das maurisch anmutende Dorf hat man vom 550 m oberhalb des Ortes gelegenen Felssporn. Ebenfalls oberhalb befindet sich die ursprünglich romanische Kirche Saint-Michel. Gute Küche im Hôtel-Restaurant, einem ehemaligen Palais des Kardinals Savelli.
42 km östl. von Calvi; Anfahrt über D 71/D 663

Blick über die Dächer von Lumio. Erholung Suchende genießen in diesem Ort das wunderbare Panorama auf den Golf von Calvi.

Nostalgie im TGV-Zeitalter

Entdecken Sie auf einer Fahrt mit der Inselbahn Micheline die reizvolle Landschaft der Insel.

Da legt sich der Waggon von einer Kurve in die andere, verschwindet in einem Tunnel und überwindet atemberaubende Schluchten mit reißenden Wildbächen auf historischen Brückenkonstruktionen. Wir sind auf der Strecke von Corte nach Ajaccio unterwegs, die bei den Korsen als die schönste Passage auf der 158 km langen Reise von Bastia an der Ostküste nach Ajaccio im Westen gilt. Die Fahrt mit dem »Trinichellu«, dem kleinen Zug, wie die Einheimischen ihn liebevoll nennen, führt quer über die Insel bis auf 906 m Höhe. Vor den Tunnels ertönt das laute Signal, und die Geschwindigkeit wird drastisch reduziert, denn es könnte ja sein, dass hier eine Kuh im Schatten ruht. Das ist kein Scherz! Auf der Insel laufen Kühe, Schweine und manchmal auch Schafe frei umher. Bei 43 Tunnels und Galerien und teilweise 30 Prozent Steigung geht es teilweise gemütlich voran. Auch die Brücken werden mit Respekt befahren. 51 gibt es davon auf der Route von Küste zu Küste. Der 80 m hohe Viadukt du Vecchio vor dem Bergdorf Vivario wurde von keinem Geringeren als Gustave Eiffel, dem Konstrukteur des bekannten Pariser Eiffelturms, entworfen. Es bleibt viel Zeit, die großartige korsische Berglandschaft zu genießen, bizarr geformte Berggiganten und gischtende Wasserfälle zu bestaunen. So dauert die Inselquerung länger als eine Fahrt im TGV auf der Strecke Paris–Lyon. Die heimliche Hauptstadt Corte lohnt auf jeden Fall einen Zwischenstopp. Es ist der größte Ort an der Bahnlinie und wichtiger Stützpunkt für Wanderungen im Gebirge. In den Sommermonaten sitzen vorwiegend Urlauber in den Dieseltriebwagen, die stampfend bergauf und schwungvoll bergab quietschen und rumpeln.

ALLES HANDARBEIT

Sie können sich vorstellen, dass der Bau der Gleisführung in Handarbeit ein abenteuerliches Unterfangen war. Die Verpflegung für die Arbeiter muss-

MERIAN-Spezial

te im Gebirge aufwendig mit Maultieren herbeigeschafft werden. Brücken und Tunnelbauten verzögerten die Fertigstellung immer wieder. Dazu kamen Prozesse und Demonstrationen von Fuhrmännern und Maultiertreibern, die um ihre Existenz fürchteten. Nach 16 Jahren waren zu Beginn des 20. Jh. schließlich 297 km Schienen verlegt. Die Strecke an der Ostküste bis Porto-Vecchio wurde erst 1935 fertig. Eine Verlängerung bis Bonifacio war geplant, doch dann kam der Krieg, und die Verluste waren beträchtlich: 25 Personenwagen, 250 Güterwagen, vier Lokschuppen, drei Triebwagen. Die Bedeutung des Autos machte auch vor der Insel nicht Halt. So drohte der Bahn in den 1970er-Jahren das Aus. Doch die Korsen lieben ihre Bahn und gingen auf die Barrikaden. Mit Erfolg. 1984 wurde das Streckennetz von der französischen Staatsbahn SNCF als Tochtergesellschaft übernommen. Trotz Investitionen in zweistelliger Millionenhöhe bleibt die korsische Eisenbahn ein Stiefkind unter den Transportmitteln. Als man 1983 beschloss, die Bahn aufzupäppeln, war eine Umstellung auf die internationale »Normalspur« viel zu kostspielig. So werden heute die Diesel-Triebwagen auf »Schmalspur« umgerüstet. Im »Lazarett« am Rande des kleinen Küstenortes Casamozza improvisieren die Techniker nach allen Regeln der Kunst, um die Bahn immer wieder flottzumachen.

So ist die Sicherheit auf den Strecken erheblich besser geworden. Kosenamen wie »Cocktailshaker« oder »Feuriger Elias« treffen heute nicht mehr zu. Trotzdem bleibt die Fahrt ein Erlebnis. An die alte Zeit der Dampflokomotive erinnern heute noch die Wassertürme auf den Bahnsteigen. Wer noch etwas von der Nostalgie vergangener Tage erleben möchte, dem sei eine Fahrt auf der Strecke Calvi–Ile Rousse, dem »Tramway de Balagne«, empfohlen. Hier sind die alten Triebwagen der 200er Baureihe mit ihren 305 PS noch im Einsatz. Die Nachkriegs-Oldies sind an der rotbeigen Farbe zu erkennen.

Bahnhöfe (Auswahl)
Ajaccio (Tel. 04 95 23 11 03)
Bastia (Tel. 04 95 32 80 61)

Eine Fahrt mit der Micheline ist ein unvergessliches Urlaubsvergnügen für Jung und Alt. Steigen Sie ein!

Bonifacio und die Südküste

Kreidefelsen, Traumstrände, fotogene Bergdörfer und Zeugen der Vergangenheit.

Langusten und andere leckere Meeresspezialitäten serviert man Ihnen in den zahlreichen Fischrestaurants im Hafen von Bonifacio.

Bonifacio

Höhepunkt der Südküste Korsikas ist zweifellos die Hafenstadt Bonifacio, deren Altstadthäuser wie bunte Tupfen die weiße Kreideküste zieren. Die Küste ringsherum bietet glasklare, abgelegene Buchten, die nur mit dem eigenen Boot zugänglich sind. Auch unter Wasser gibt es am Südzipfel Frankreichs viel zu entdecken. Porto-Vecchio und Propriano locken mit herrlichen Sandstränden und klarem Meer. Im Kontrast dazu steht das Leben in den Bergdörfern, die nur wenige Kurven weiter oberhalb beginnen. Ein Traum sind die Zacken des Bavellamassivs, die sich zum Wandern und Klettern anbieten. Wer lieber in klaren, frischen Bergbächen badet, der findet in diesem Gebiet großartige Möglichkeiten.

Bonifacio ⟶ S. 121, D 24/E 24
2800 Einwohner
Stadtplan → S. 61

»Was die Schönheit anbelangt«, schrieb der französische Dichter Paul Valéry, »ist Bonifacio die Hauptstadt der Insel. Die Stadt treppt sich hinauf über einen Vorsprung des Küstengebirges, ja sie ragt hier und da sogar über das Meer vor und blickt über die mit Klippen gespickte Meerenge auf die niedrigere Küste Sardiniens hinunter. Zu ihren Füßen umzieht sie – nach der anderen Seite zu – fast in einem geschlossenen Bogen ein 1500 m langer Einschnitt in das Steilufer, der wie ein riesenhoher, schmaler Kanal aussieht; er dient ihr als Hafen, schleust durch die lange Durchfahrt zwischen seinen beiden steil abfallenden Felswänden die kleinen italienischen und sardischen Fischkutter bis zu den ersten Häusern der Stadt heran.«

Bonifacio, die südlichste Stadt Frankreichs, besteht aus zwei Teilen: der **Marina** (Hafengegend) und dem **Borgo Genovese**, dem Genueserviertel zwischen den Festungsanlagen. Gegründet wurde die Stadt 828 von dem Toskaner Bonifacio zur Abwehr der Sarazenen. 1195 eroberten die Genuesen die Stadt, deportierten die Einwohner und siedelten Ligurer an (noch heute sprechen die Einwohner einen altertümlichen genuesischen Dialekt). 1420 ersprachte Alfons V. von Aragon die Insel, 1528 dezimierte die Pest die Stadtbevölkerung. In den folgenden Jahrhunderten wechselte Bonifacio mehrfach den Besitzer. 1793 befehligte Napoleon als junger Offizier mehrere Monate lang die Besatzung der Festung. Heute haben die Eroberer des 20. Jh. – Tagesbesucher und Feriengäste, Segel- und Motorbootbesitzer – die Stadt eingenommen: Sie ist eines der teuersten und beliebtesten Zentren der Insel.

Hotels/andere Unterkünfte
In Bonifacio ist alles ein wenig teurer als anderswo auf der Insel. So auch die Hotels. Die preiswerten Unterkünfte liegen in der Unterstadt (Marina).

La Caravelle ⟶ S. 61, d 2
Vergleichsweise teuer sind die geschmackvoll renovierten Zimmer.
37, quai Comparetti;
Tel. 04 95 73 00 03, Fax 04 95 73 00 41;
www.hotel-caravelle-corse.com;
28 Zimmer ●●●● CREDIT

Genovese ⟶ S. 61, a 2/3
Kleines Hotel im ehemaligen Gebäude der französischen Marine.
Quartier de la Citadelle;
Tel. 04 95 73 12 34, Fax 04 95 73 09 03;
www.hotel-genovese.com; 18 Zimmer
●●●● CREDIT

Résidence du Centre Nautique
⟶ S. 61, d 1
Die kleine Residenz am Jachthafen ist bei Seglern beliebt.
Port de Plaisance, Quai Nord;
Tel. 04 95 73 02 11, Fax 04 95 73 17 47;
www.centre-nautique.com; 11 Zimmer
●●●● CREDIT

Stimmungsvolle kleine Restaurants findet man in den Seitengassen der Marina.

Du Golfe   ⟶ S. 121, E 24
Einfaches, ruhiges Familienhotel am Golf von Santa Manza, 7 km von Bonifacio entfernt.
Route de Santa Manza;
Tel. 04 95 73 05 91, Fax 04 95 73 17 18;
12 Zimmer; Ende Okt.–Mitte März geschl.
•• MASTER VISA

SEHENSWERTES
Altstadt   ⟶ S. 61, b 2/3
An den verfallenen, vier- bis fünfstöckigen Häusern der Altstadt überraschen an den schmalen Fassaden seltsame, die Gassen überspannende Strebebögen, die einst Teil eines Zisternensystems waren. Die hohen Häuser machen die engen Gassen lichtloser, unfreundlicher: Die verwinkelten Treppen und Gewölbe wirken wie ein Fluchtlabyrinth. Doch von der steinernen Brüstung der **Belvédère de la Manichella** hat man einen herrlichen Blick auf das Meer.

Escalier du Roi d'Aragon
⟶ S. 61, a 3
Genau 187 Stufen, vom Meer zerfressen und von den Besuchern ausgetreten, führen vom Meer in die Oberstadt. Die »Treppen des Königs von Aragon« ließ Alfons V. von Aragon 1420 in einer Nacht in den weißen Steilfelsen schlagen, um die Belagerer zu überrumpeln. Vergeblich. Später, während der Besetzung des Hafens, dienten sie den Bewohnern als Fluchtweg.
Place Castello (an der Seebrüstung);
Zutritt tgl. 9–20 Uhr (Juli/Aug.),
sonst 11–17.30 Uhr (außer So);
Eintritt 2 €

Iles Lavezzi und Ile Cavallo
⟶ S. 121, E 24
Ein Ausflug zu den »polierten Steinbergen« im Meer ist ein touristisches Muss: Wie Steinhaufen mitten im Meer, aufeinandergetürmte Granitblöcke, von den Winterstürmen poliert und rund geschliffen – so sehen die **Iles Lavezzi** von ferne aus, winzige Inseln von fremdartiger Schönheit, die zu dem kleinen Archipel in den Bouches de Bonifacio, der Meeresstraße, die Korsika von Sardinien trennt, gehören.

Ein Teil der Inselgruppe ist italienisch (La Maddalena und San Stefano), der andere französisch (Lavezzi und Cavallo). Die winzigen Lavezzi-Inseln sind paradiesisch unbewohnt (bis auf den Leuchtturmwärter) – ein Naturschutzgebiet mit versteckten Buchten, einladenden Stränden und ausgedehnten Tauchgründen.

Der Pariser Nachtklubkönig Jean Castel wollte Anfang der Siebzigerjahre des 20. Jh. die **Ile Cavallo** zu einem Dorado für den internationalen Jetset machen: Tatsächlich wurden exklusive Villen gebaut, zwei Restaurants (1990 von korsischen Separatisten in die Luft gesprengt) und das kleine aber feine Clubhotel **Hôtel des Pêcheurs**.

Saint-Dominique   ⟶ S. 61, a 3
Die gotische Kirche auf dem Areal der **Zitadelle** ist eine pisanische Gründung (Ende 12. Jh.) und gilt als wich-

Bonifacio

tigstes gotisches Bauwerk der Insel. Zwischen 1270 und 1343 wurde das Gotteshaus von den Dominikanern erweitert und vollendet.

Im Kircheninnern stehen verschiedene polychrome Prozessionsfiguren aus Holz (hl. Bartholomäus, Mater Dolorosa und hl. Martha), die am Karfreitag von den Mönchen der Ordensgemeinschaft durch die Stadt getragen werden, sowie ein Stufenaltar aus polychromem Marmor (1749). Ferner sehenswerte Gemälde (eine Serie der Rosenkranz-Stationen), eine Pietà, ein Porträt von Papst Pius V., die Seeschlacht von Lepanto als Votivbild.

Im Winter geschl.; Eintritt 2 €

Wer zu Fuß über steile Treppen in die Oberstadt von Bonifacio geht, wird mit diesem großartigen Ausblick belohnt.

Saint-Erasme ···⇢ S. 61, c 2
Die kleine Kapelle (13. Jh.) hat durch viele Umbauten ihren ursprünglichen Charakter verloren. Sie ist dem Schutzheiligen der Fischer und Seeleute geweiht. Im Innern die hölzerne Prozessionsfigur des hl. Erasmus und das Gemälde »Jungfrau mit Kind« (17. Jh.).
Montée Rastello

Sainte-Marie-Majeure ···⇢ S. 61, b 3
Die mehrfach (zuletzt 1985) umgebaute und restaurierte dreischiffige Kathedrale im Zentrum der Oberstadt ist das älteste religiöse Gebäude der Stadt (um 1200). Von ihren Mauern aus überspannen Strebebögen die engen Gassen. Der mächtige viereckige Glockenturm über der nördlichen Apsis ist mit arabeskenartigen Ornamenten und fein skulptierten Symbolen der vier Evangelisten dekoriert. Die drei Portale wurden 1879 im neoklassischen Stil erneuert. Im Kircheninneren verdecken barock-klassizistische Formen die romanischen Elemente. Links vom Eingang ein schöner römischer Sarkophag aus weißem Marmor (3. Jh. n. Chr.), darüber ein herrliches Wandtabernakel aus der Werkstatt von Gagini (1465), das mit Putten und einem aufrechten Christus verziert ist. Der Hauptaltar (1624) birgt die Gebeine des Stadtheiligen Bonifatius. Die drei Altäre sind der Mariä Verkündigung, der Jungfrau des Rosenkranzes und dem Sacré Cœur geweiht. Die Orgel (19. Jh.) stammt aus der Werkstatt der Brüder Ferrari aus Bastia. Zur Zeit der genuesischen Herrschaft versammelten sich in der Loggia die vom Großen Rat für drei Monate gewählten vier Stadtältesten.

Museen
Aquarium ···⇢ S. 61, c 2
Fischer aus Bonifacio haben diese Sammlung von unzähligen Fischen, Muscheln und Pflanzen zusammengetragen, die an der südkorsischen Küste vorkommen.
71, quai Comparetti; Juli/Aug. tgl. 10–24, sonst 10–20 Uhr, Ende Okt.–Ende März geschl.; Eintritt 3,80 €

Bonifacio

Essen und Trinken

L'Archivolto ⋯⋯> S. 61, b 3
Ein ungewöhnliches Restaurant voller Antiquitäten. Terrasse im Schatten der Arkaden. Ausgezeichnet das Lamm mit Knoblauchsauce.
Rue de l'Archivolto; Tel. 04 95 73 17 58; Okt.–Mai geschl. ●●●

La Caravelle ⋯⋯> S. 61, d 2
In dem Hafenrestaurant mit Terrasse gibt es exotisch: mit Auberginen oder Chapon gefüllt. Interessant, aber recht teuer!
11, quai Comparetti; Tel. 04 95 73 06 47; Okt.–Mai geschl. ●●● CREDIT

L'Albatros ⋯⋯> S. 61, d 2
Gutes Fischrestaurant am Hafen. Wenn Langusten mit Maronen auf der Speisekarte stehen, sollte man nicht zögern.
Quai Comparetti; Tel. 04 95 73 01 97
●● CREDIT

Stella d'Oro ⋯⋯> S. 61, b 3
In diesem Restaurant sind besonders die herrlichen Miesmuscheln, die köstlichen Nudelgerichte und die »aubergines à la Bonifacienne« zu empfehlen.
7, rue Doria; Tel. 04 95 73 03 63; im Winter geschl. ●● CREDIT

U Ceppu ⋯⋯> S. 121, E 24
Herrlicher Blick auf den blauen Golf. Leckere Fleisch- und Fischgerichte (gut: »côtes de bœuf«, Langusten, Fisch), reichhaltige Bouillabaisse.
Golfe de Santa-Manza (6 km);
Tel. 04 95 73 02 34 ●● CREDIT

Le Voilier ⋯⋯> S. 61, d 2
Einfaches, aber gemütliches Restaurant am Hafen mit guter Küche und preiswerten Menüs. Beliebter Treffpunkt, vor allem für Segler.
81, quai Comparetti; Tel. 04 95 73 07 06
● CREDIT

Einkaufen

Boulangerie Faby ⋯⋯> S. 61, b 3
Das ganze Jahr gibt es hier »fugazzi« (ein Osterbrot mit Rosinen und Nüssen) und den mit Orangenblütenwasser abgeschmeckten Pfannkuchen »vea secata« (Brot der Toten), der zu Allerheiligen gebacken wird.
4, rue Saint-Jean-Baptiste

Corallissimo ⋯⋯> S. 61, b 3
Kostbare Preziosen aus Korallengestein, von der Inhaberin persönlich entworfen. Preiswerter ist der aus Italien importierte Schmuck.
8, rue Archivolto/Place Eglise Sainte Marie-Majeure

Meterhohe Kreidefelsen kennzeichnen die Südküste Korsikas bei Bonifacio.

Les terrasses d'Aragon
⇢ S. 61, b/c 2

In dem Geschäft werden traditionelle korsische Messer angeboten.
Quai Banda Del'Ferro

AM ABEND
Die Szene dreht sich schneller als die Scheiben auf dem Plattenteller. Momentan »in« sind drei Diskotheken, die sich alle am Quai Comparetti (Hafen) befinden: **Le Langoustier** (auch im Winter), **La Chapelle, La B 52**.

SERVICE
Auskunft
Office du Tourisme ⇢ S. 61, b 2
2, rue F. Scamaroni/Fort San Nicro; Tel. 04 95 73 11 88, Fax 04 95 73 14 97; tourisme.bonifacio@wanadoo.fr; www.bonifacio.fr; Juli–Aug. 9–20, Mai, Juni, Sept. 9–17, im Winter Mo–Fr 9–12 und 14–18 Uhr, Sa/So geschl.

Bootsausflüge ⇢ S. 121, D 24
Eine Fahrt zu den Grotten von Bonifacio sollte auf Ihrer Korsikareise nicht fehlen. Täglich alle 30 Minuten startet ein Boot zur Drachengrotte und zur Grotte von Saint-Antoine. Nähere Informationen am Kai.

Fähren
Zwei Gesellschaften unterhalten die Fährverbindung Bonifacio–Santa Teresa auf Sardinien (12 km, 1 Stunde). Im Juli und August gibt es in beide Richtungen bis zu 14 Fähren täglich. Auskunft:
Compagnie Saremar ⇢ S. 61, b 2
Gare Maritime; Tel. 04 95 73 00 96

Compagnie Moby Lines ⇢ S. 61, b 2
Gare Maritime; Tel. 04 95 73 00 29

Ziele in der Umgebung

Couvent Saint-Julien
⇢ S. 121, E 24

Das Kloster aus dem 17. Jh. steht an der Stelle eines Vorgängerbaus aus dem Jahre 1213. Der Legende nach soll 1214 der heilige Franz von Assisi hier um Asyl gebeten haben, als er auf dem Weg nach Spanien in Bonifacio halten musste. Da die Mönche ihm Unterkunft verweigerten, übernachtete er in einer Grotte, die später von den Mönchen in eine Kapelle verwandelt wurde.
2 km östl. von Bonifacio

In den Salinen bei Porto-Vecchio wird noch heute nach traditioneller Manier Salz aus dem Meer gewonnen.

Porto-Vecchio ---> S. 121, E 22

Die dörfliche Stadt wurde 1540 von den Genuesen gegründet und wie Sartène von den Sgios beherrscht, den großen Notabeln, die unter dem Ancien Régime geadelt wurden und reichen Grundbesitz hatten. Erst der Tourismus brachte den Aufschwung.

Sehenswert ist das torreanische **Castellu d'Araghju** mit einer 3 bis 5 m hohen und 2 m dicken Zyklopenmauer, die das Monument auf einer Länge von 120 m einschließt und als Verteidigungs- und Schutzanlage diente.

Im Süden liegen die landschaftlich an die Südsee erinnernde **Bucht von Santa Giulia** (Club Mediterranée), der berühmte Strand von **Palombaggia** und das Nudistenparadies an der **Punta di a Chiappa**. Im Norden ziehen sich die Hotels und Bungalowdörfer über den **Golfo di Sogno**, die **Carla Rossa** und den Strand von **San Ciprianu** bis nach **Pinarellu** hin.
25 km nordöstl. von Bonifacio

Die hohen festungsartigen Häuser in der Altstadt von Sarténe (→ S. 66) zeugen vom wehrhaften Charakter der Stadt.

Hotels/andere Unterkünfte
Belvédère
Wunderschön zwischen Strand und Pinienwald gelegen, vereint das Hotel Eleganz und Landhausstil. Mit Pool.
Route de Palombaggia;
Tel. 04 95 70 54 13, Fax 04 95 70 42 63; www.hbcorsica.com; 19 Zimmer; Jan./Feb. geschl. ●●●● VISA

Grand Hotel Cala Rossa
Elegantes Hotel mit einem der besten Restaurants der Insel. Privatstrand.
Route de Cala Rossa;
Tel. 04 95 71 61 51, Fax 04 95 71 60 11; www.hotel-calarossa.com; 45 Zimmer; Jan.–Mitte April geschl. ●●●● CREDIT

Le Mistral
Angenehmes Zwei-Sterne-Hotel in der Oberstadt, ruhig und zentral.
5, rue Toussaint-Culioli;
Tel 04 95 70 08 53, Fax 04 95 70 51 60; 1. Nov.–14. März geschl. ●● MASTER VISA

Essen und Trinken
Antigu
Im Herzen der Zitadelle mit Blick auf den Hafen. Korsische Küche mit regionalen Gerichten.
51, rue Borgo; Tel. 04 95 70 39 33;
So Mittag geschl. ●●● CREDIT

Borgu
In dem ältesten Restaurant der Stadt speist man vorzüglich. Panoramaterrasse bei den Stadtmauern.
35, rue Borgo; Tel. 04 95 70 07 27 ●● CREDIT

Am Abend
Via Notte
Diskothek und Restaurant. Die einzige Adresse, die bis 5 Uhr morgens geöffnet hat.
Am südlichen Ortsausgang;
Tel. 04 95 72 02 12

Service
Office de Tourisme
Rue du Docteur Camille de Rocca Serra; Tel. 04 95 70 09 58, Fax 04 95 70 03 72; www.accueil-portovecchio.com

Sartène ⇢ S. 120, C 22

3200 Einwohner
Stadtplan → S. 67

Die terrassenförmig steil ansteigende, auf dem 305 m hohen Sporn des Monte Rosso liegende Stadt wurde von Prosper Merimée als »die korsischste Stadt Korsikas« bezeichnet, in der sich Brauchtum, Sitten und Tradition besser erhalten haben als in anderen Städten auf der Insel. Die kleine Stadt, die man auch »Hauptstadt der Vendetta« nennt, war im Mittelalter Lehnsgut der mächtigen Seigneurs de la Rocca und lange Zeit Sitz reicher Feudalherren (»sgios«), die sich erfolgreich gegen Genua wehrten. 1582 erfolgte die Einnahme Sartènes durch die Sarazenen, die ein Drittel der Bevölkerung verschleppten. Aus Sartène stammte Letizia Romallo, die Mutter Napoleons.

Um einen Mord zu sühnen oder ein heiliges Gelöbnis zu erfüllen, unterzieht sich alljährlich am Karfreitag ein »catenacciu« (Geketteter) in einer etwas beklemmend anmutenden Prozession einem Bußgang durch die Stadt. Wenn er mit seinem 30 kg schweren Kreuz und der 14 kg schweren Kette durch den Ort geht und so den Gang Christi nach Golgatha symbolisiert, verwandelt sich Sartène in einen mittelalterlichen Ort. Pünktlich um 21.30 Uhr beginnt der düstere Umzug an der Kirche Sainte-Marie. Einmal im Leben Catenacciu zu sein ist der Traum vieler Sartenais, die ihre »Kandidatur« beim Priester einreichen und manchmal bis zu 20 Jahre warten müssen (→ MERIAN-Tipp, S. 21).

Hotels/andere Unterkünfte

Hotel du Golfe ⇢ S. 67, westl. a 1
Das Hotel ist sehr schön am Meer im Fischerdorf Tizzano (15 km Stichstraße von Sartène) gelegen. Drei-Sterne-Komfort.
Tel. 04 95 22 02 51, Fax 04 95 74 05 24; 17 Zimmer ••• CREDIT

La Villa Piana
⇢ S. 67, nordwestl. a 1
Etwas außerhalb Sartène in schöner Umgebung. Freundlich eingerichtete Zimmer. Swimmingpool mit schönem Blick. Gehört zur Kette »Unterkünfte mit Charme«.
Route de Propriano; Tel. 04 95 77 07 04, Fax 04 95 73 45 65; www.lavillapiana.com; 31 Zimmer •• CREDIT

Hotel Rossi ⇢ S. 67, b 2
Kleines Stadthotel mit herzlicher Atmosphäre.
Route de Propriano; Tel. 04 95 77 01 80, Fax 04 95 77 19 93; 20 Zimmer
•• MASTER VISA

Spaziergang

In der etwas unheimlich wirkenden Altstadt mit ihrem Gewirr von feuchten, schmalen, plattenbelegten Gassen, abweisenden Treppen, düsteren Höfen, überwölbten Bögen, ineinander verschachtelten Mauern und fensterlosen sieben- bis achtstöckigen Häusern aus grauem Granit, Torbögen und Hinterhöfen, in die kein Sonnenlicht gelangt – da fühlt man sich wie in einem geheimnisvollen Labyrinth. Von der **Place de la Libération**, der ehemaligen Place Porta, durch den Torbogen des ehemaligen genuesischen Gouverneurpalastes (heute Rathaus) kommt man in die Altstadt. Das Viertel Santa Anna mit einem Eckürmchen (Echauguette) aus dem 12. Jh. ist der letzte Rest der ehemaligen Stadtmauer. Zur Altstadt gehören die Viertel **Pitraghju** (ehemalige Zitadelle) und **Manighedda** (ältestes Stadtviertel von Sartène). Zu den schönsten Gassen zählen die **Rue Caramama**, die **Rue des Voûtes** mit ihren zahlreichen Gewölbebögen, die **Rue des Frères Bartoli** mit ihren engen, überwölbten Treppen, die **Place Maggiore**, die **Passage de Bradi** und die **Place Angelo Maria Chiappe**. Von der Brüstung dieser einstigen Festung aus bietet sich ein einzigartiger Blick ins Tal und auf den Golf von Propriano.

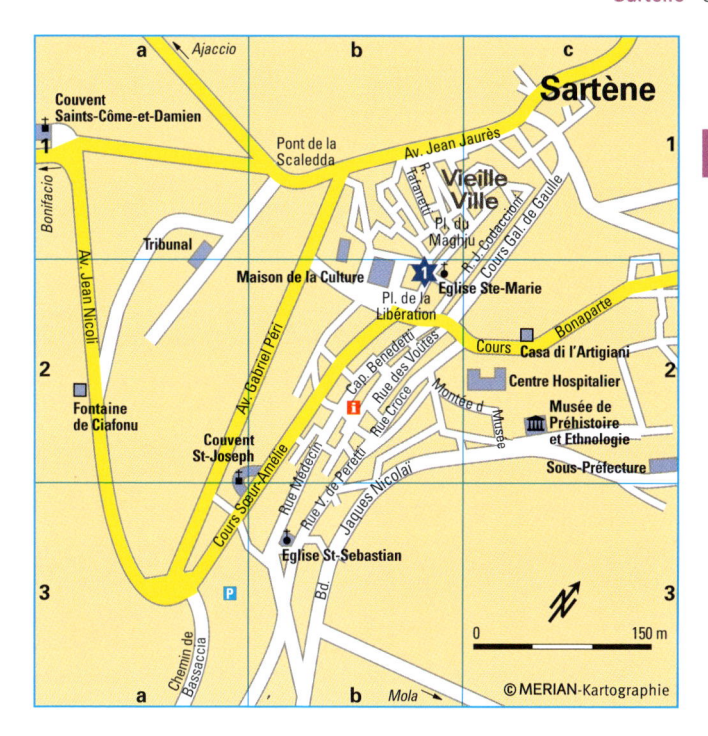

Sehenswertes

Couvent Saints-Côme-et-Damien
⸺▶ S. 67, a 1
Das große Franziskanerkloster belgischer Mönche aus dem 19. Jh. überragt die Stadt und das Rizzanèse-Tal. Einige Tage vor Karfreitag zieht sich der »catenacciu« (→MERIAN-Tipp, S. 21) hierher zurück, um sich in Ruhe auf seinen schweren Gang vorzubereiten.
Cours Sœur-Amélie

Eglise Sainte-Marie ⸺▶ S. 67, b 2
An der Stelle eines 1756 eingestürzten Vorgängerbaus erhebt sich die Pfarrkirche aus mächtigen, unregelmäßigen Granitquadern mit einem durch drei Stockwerke mit Fensteröffnungen aufgelockerten kuppelgekrönten Glockenturm (1768). Im Inneren sind an der Wand links vom Hauptportal Kreuz und Kette ausgestellt, die am Karfreitag vom roten Büßer getragen werden. Seit 1830 steht hier ein polychromer barocker Marmoraltar (aus dem ehemaligen Franziskanerkloster). 1852 schnitzte Giuseppe Colonna Cesari aus Porto-Vecchio die Statue der Maria Himmelfahrt aus einem einzigen Olivenholzblock. Sehenswert sind auch die Gemälde.

Mehrere Vendetta-Fehden wurden in der Kirche beendet: zum Beispiel die zwischen den Familien Carabelli und Durazzo aus Fozzano, zwischen den Paolis und Giacomonis aus Tallano und zwischen den Pietris und Rocca Serras aus Sartène.
Place de la Libération

Place Porta ⸺▶ S. 67, b 2
Wer unter Korsen sein und ihrer gestenreichen Sprache lauschen möch-

MERIAN-Tipp
10 Bavella-Bergmassiv

Der Col de Bavella gehört zu den schönsten Passstraßen im Süden der Insel. Die Berge sind nicht einmal 2000 m hoch und haben doch mit ihren Türmen und Zacken Ähnlichkeit mit den Dolomiten. So werden sie im Volksmund auch Eselsohren oder Felsengabeln genannt. Die uralten Lariciokiefern, deren mächtige Kronen vom Wind geformt wurden, bilden einen großartigen Kontrast. Der Pass ist Ausgangspunkt für Wanderer und zugleich Etappenziel auf dem Wanderweg GR 20 (→ Routen und Touren, S. 89).

46 km bis Sartène ····→ S. 118, C 20

---

te, sollte sich unter die Menschen auf der Place Porta mischen. Auf dem alten und malerischen Platz (Place de la Libération ist eigentlich ihr »offizieller« Name) mit vielen Straßencafés ist man nie allein. Sie ist das Herz und Kommunikationszentrum der Stadt. Ein Grund dafür ist sicher der, dass dies der einzige Ort in der Innenstadt ist, zu dem die Sonnenstrahlen vordringen können. An der Nordseite des Platzes dominieren das **Hôtel de Ville** (Rathaus), im 16. Jh. Sitz der genuesischen Offiziere, und die **Eglise Sainte-Marie**. Im Café Au Bon Assis empfiehlt es sich, die köstlichen hausgemachten Sorbets zu probieren.

Museen
Musée de Préhistoire et Ethnologie
····→ S. 67, c 2

Das Museum für korsische Vorgeschichte befindet sich in einem oberhalb der Stadt gelegenen ehemaligen Gefängnis (1843).

Die hier didaktisch gut präsentierten archäologischen Funde aus Korsika umfassen den Zeitraum von 6000 bis 500 v. Chr. Im 1. Stock macht eine übersichtliche Schautafel die Urgeschichte Korsikas und seiner Bewohner deutlich. Saal 1 und 2 widmen sich der Urgesteine: Obsidiane, Feuersteine und Quarze, schwarze und glasierte Keramik; Saal 3 beschreibt die Kultur der Tafoni-Hypogäen: menschliche Knochenreste, ein Ring aus Serpentin, ein Anhänger und eine Schale mit lochmusterverziertem Fuß; Saal 4 und 5 zeigen Exponate aus der Bronze- und Eisenzeit: torreanischer Kultbau (schlichte Töpferwaren, Dolchfragmente), Keramik aus Italien, Geräte zur Herstellung von Werkzeugen und Kunstwerken (600–1600 v. Chr.).
Rue Croce (Montée du Musée); Tel. 04 95 77 01 09

Essen und Trinken
Auberge Santa Barbara
····→ S. 67, östl. c 2
Für Kenner ist das von Gisèle Lovichi geführte Restaurant eines der besten auf Korsika. Terrasse mit Ausblick. Reservierung erforderlich.
Santa Barbara; Route de Propriano; Tel. 04 95 77 09 06; 15. Okt.–15. April geschl. ••• CREDIT

La Chaumière ····→ S. 67, b 2
Vorzügliche rustikale Küche und köstliche Weine, beispielsweise der rote Santa Barba, den man recht kühl trinken sollte. Hier kehren fast nur Einheimische ein.
39, rue Médecin Capitaine Benedetti; Tel. 04 95 77 07 13 •• VISA

Roi Theodor ····→ S. 67, b 1
Einfaches, sympathisches Restaurant, das immer gut besucht ist.
Manighedda (Altstadt); Tel. 06 03 31 03 58 • VISA

Einkaufen
Casa di l'Artigiani ····→ S. 67, c 2
Im Haus des Kunsthandwerks gibt es Korbwaren, Stickereien, Honig und Puppen.
Cours Bonaparte

Sartène – Castellu di Cucuruzzu

Domaine Mosconi ⋯⋙ S. 67, östl. a 1
Hier kann man die Weinprobe mit einer Besichtigung der Menhire von Palagiu (→ S. 72) verbinden, wenn es der Eigentümer erlaubt.
Route de Tizzano; Tel. 04 95 70 49 42

Am Abend
Bar Cyrnos ⋯⋙ S. 67, b 2
Die Jugend trifft sich abends häufig in dieser Bar vom Typ Pariser Bistro.
14, cours Sainte-Anne

**Centre Culturel
Laurent Casanova** ⋯⋙ S. 67, b 2
Das Kulturzentrum Laurent Casanova bietet neben Filmen und Vorträgen manchmal auch Tanzabende.
Rue Nicolas Pietri; Tel. 04 95 77 19 33

Service
**Auskunft
Office de Tourisme** ⋯⋙ S. 67, b 2
Cours Sœur Amélie; Tel. 04 95 77 15 40, Fax 04 95 73 28 03; www.ot-sartene.com; Mo–Sa 9–12 und 15–19 Uhr

Ziele in der Umgebung
Alta Rocca
⋯⋙ S. 120/121, C 21/D 21

Die dünn besiedelte Bergregion ist ein einzigartiges Wandergebiet: Duftende Macchia, riesige Kastanien- und sattgrüne Eichenwälder, glasklare Quellen und anmutige Schäfereien zeichnen die Landschaft aus. In der Nähe der kleinen Ortschaften **Aullène, Cucuruzzu, Levie, Quenza** und **Zonza** liegen zahllose **prähistorische Stätten** mit sehenswerten Steingräbern, Dolmen und Menhiren, die erst 1959 bei Luftaufnahmen vom 900 m hohen Granitplateau **Pianu di Levie** entdeckt wurden, wie zum Beispiel das 3,2 mal 17 m große **Steinkistengrab von Caleca**, die torreanische Festung **Castellu di Cucuruzzu** und die torreanische Siedlung **Castellu di Capula** mit einer Menhirstatue.

Aullène ⋯⋙ S. 120, C 21
Sehenswerte Pfarrkirche mit schönem Chorgestühl und Kanzel mit Schnitzereien, die an die häufigen Sarazenenüberfälle erinnern. Die Kanzel wird von vier exotischen Schuppentieren gestützt, die von einem Mohrenkopf getragen werden.
34 km nordöstl. von Sartène;
Anfahrt über N 196/D 69

Castellu di Cucuruzzu
⋯⋙ S. 121, D 21

Die Reste einer torreanischen Siedlung auf einem Hügel (2. Jh. v. Chr.) werden von einer mächtigen Umfassungsmauer aus Zyklopenmauerwerk begrenzt. Die gewaltige Cella aus auf-

Hier sieht es zu jeder Tageszeit anders aus: Morgenstimmung am Bavella-Bergmassiv (→ MERIAN-Tipp, S. 68).

Ursprünglich nur grob behauen, erhielten die Statuen-Menhire von Filitosa nach und nach menschliche Züge.

gerichteten Steinen hat einen Durchmesser von 3 m.
**27 km nordöstl. von Sartène;
Anfahrt über D 69/D 268,
3 km vor Levie links ab**

Cauria ⤑ S. 120, B 23

10 km südlich von Sartène stößt man auf drei bemerkenswerte megalithische Kulturmonumente: Das große Steingrab des **Dolmen von Fontanaccia** gilt als der am besten erhaltene korsische Dolmen. Er besteht aus sechs senkrechten Pfeilern und einer 3 t schweren Deckplatte. Die Grabkammer ist 2,5 m lang, 1,6 m breit und 1,8 m hoch.

Eindrucksvoll ist auch die **Steinallee von Stantari**: 20 Menhire, die von einer kleinen Mauer umschlossen sind (2. Jh. v. Chr.). Sie sollen getötete torreanische Krieger darstellen und lassen das im Relief quer dargestellte Langschwert und die am Kopf befindlichen Löcher für die Hörner des Helmschmuckes erkennen.

Die **Steinallee von Renaggiu** besteht aus mehreren kleineren Menhiren und Menhir-Bruchstücken; man findet sie in einem Steineichenwäldchen.
**10 km südl. von Sartène;
Anfahrt über N 196/D 48**

Filitosa ⤑ S. 120, B 21

Von weitem grüßt die rätselhafte Filitosa V., die mächtigste und bestbewaffnete Menhir-Statue Korsikas. Im fruchtbaren Tal des Taravo begannen vor 3000 Jahren die Megalithiker Dolmen und Menhire aus dem lokalen Stein zu schaffen. Die Tempelburg auf dem Hügel ist von einer zyklopischen Ringmauer eingefasst, die meisten der 20 bewaffneten Menhirstatuen befinden sich außerhalb der Ringmauern. Innerhalb der Tempelburg liegen das Zentral-, das West- und das Ostmonument sowie die Fundamente eines torreanischen Dorfes. Die größte Kostbarkeit heißt Filitosa IX. – das schönste Stück der Megalithkultur in Europa.

Rechts vom Eingang das **Centre de Documentation Archéologique** mit einem kleinen Museum.
32 km nordwestl. von Sartène; die Fundstätte liegt an der D 757 und ist gut ausgeschildert; Tel. 04 95 74 00 91; tgl. 8–20 Uhr; Eintritt 5 €

Fozzano ⤑ S. 120, C 21

Das abgelegene Dorf erreicht man von Propriano über den Col de Santa Giulia. Die »Sarazenentürme« genannten, festungsähnlichen Wohnhäuser von Fozzano über dem Golf von Valinco waren einst Schauplatz einer Vendetta zwischen den Familien

Durazzo und Carabelli, deren Lebensgeschichte der französische Dichter Prosper Merimée zum Hintergrund seines Romans »Colomba« machte (→ MERIAN-Buchtipps, S. 104). Die turmartigen Bauten sind gut erhalten und erinnern noch heute an die frühere Macht der rivalisierenden lokalen Herrscher.
13 km nördl. von Sartène;
Anfahrt von Propriano über D 19

Sehenswertes
Santa-Maria-Figaniella
⸺⸺⸺⸺⸺⸺⸺⸺⸺⸺⸻> S. 120, C 21
1 km nördlich von Fozzano steht die sehenswerte romanische Kirche Santa-Maria-Figaniella (12. Jh.) mit fantastisch geschmückten Kragsteinen: menschliche Masken, Widderköpfe, zusammengerollte Schlangen und geometrische Motive. Die Apsis wird teilweise von einem eleganten Glockenturm (18. Jh.) verdeckt. Von der Kirche genießt man eine herrliche Aussicht.
14 km bis Sartène;
Anfahrt von Propriano über D 19

Levie ⸺⸺⸺> S. 121, D 21
Hier gibt es eine sehenswerte Pfarrkirche (Kruzifix aus Elfenbein) und ein kleines archäologisches Museum mit den Funden vom Plateau de Pianu (Capula, Cucuruzzu).
28 km bis Sartène

Museen
Musée de l'Alta Rocca
Größte Sehenswürdigkeit ist das Skelett der »Dame von Bonifacio« (6570 v. Chr.).
Tel. 04 95 78 46 34; Juni–Sept. tgl. außer Di und an Feiertagen 9–12 und 14–18 Uhr; Eintritt 3 €; Anfahrt über D 69/D 268

Propriano ⸺⸺⸺> S. 120, B 22
In diesem Küstenort pulsiert im Sommer das Leben, den Rest des Jahres wirkt er etwas verschlafen.
Lange Sandstrände beginnen zu beiden Seiten des Jachthafens. Guter Stützpunkt für Bade- und Wasser-

Umgeben von bewaldeten Hügeln und Macchia-Sträuchern bieten sich dem Urlauber am Golf von Propriano gute Wassersportmöglichkeiten.

sport und für Ausflüge ins Hinterland. Die Thermalanlage **Les Bains de Baracci** liegt nur wenige Kilometer abseits. Eine der schönsten Genueserbrücken der Insel, **Spin'a Cavallu**, überspannt etwa 10 km östlich von Propriano den Rizzanese.
11 km nordwestl. von Sartène

Hotels/Andere Unterkünfte
Beach Hotel
Besticht durch seine Lage direkt am feinen Sandstrand. Enge Zimmer, doch mit Balkon und Meerblick.
Avenue Napoleon; Tel. 04 95 76 17 74, Fax 04 95 76 06 54 ●● CREDIT

Roc e Mare
Hoch über der Felsküste. Eigener Strand, alle Zimmer mit Meerblick.
Tel. 04 95 76 04 85, Fax 04 95 76 17 55; www.rocemare.fr; 60 Zimmer
●● CREDIT

Essen und Trinken
Restaurant U Pescadori
Das beste Fischrestaurant am Platze. Die Auswahl groß, die Ware frisch. Die Bouillabaisse eine Gaumenfreude.
13, avenue Napoléon; Tel. 04 95 76 42 95
●● CREDIT

Service
Auskunft
Office du Tourisme
Port de Plaisance; Tel. 04 95 76 01 49, Fax 04 95 76 00 65; www.propriano.net; im Sommer Mo–Sa 8–20, So 9–13 und 16–20 Uhr, im Winter Mo–Fr 9–12 und 14–18 Uhr, So geschl.

Roccapina/ Rocher du Lion ⇢ S. 120, B 23

Der rosafarbene Granitfelsen ist eine beeindruckende Felslandschaft, die in der Nähe eines ehemaligen genuesischen Wachturms die Form eines Löwen hat.
21 km südl. von Sartène; Anfahrt über N 196

Essen und Trinken
L'Oasis du Lion
Nach einem Klippenspaziergang schmecken die Fischspezialitäten hier besonders gut.
Col. de Roccapina; Tel. 04 95 73 49 89
●● VISA

Sainte-Lucie-de-Tallano ⇢ S. 120, C 21

19 km östlich von Sartène liegt das Bergdorf, das wegen des einzigartigen Kugeldioriten-Steinbruchs bekannt wurde, aus dem sich Michelangelo für die Medici-Kapelle in Florenz bedient haben soll. Sehenswert ist die Kirche **Saint-François** (Ende 15. Jh. von Rincuccio della Rocca gestiftet) mit einem weißen Marmorrelief (1498) und zwei Altarbildern.
19 km nordöstl. von Sartène; Anfahrt über D 69/D 268

Tizzano ⇢ S. 120, B 23

Idyllische Buchten mit schönen Sandstränden, umgeben von wilder Felsküste – Tizzano ist ein hübscher, vom Tourismus noch vergleichsweise wenig berührter Fischerort an der **Baie d'Avena**. Er erstreckt sich zwischen einem 1 km langen Sandstrand und einer tief eingeschnittenen Bucht, der gegenüber sich die Ruinen eines ehemaligen Genueserforts erheben.

4 km vor Tizzano erkennt man die **Steinallee von Palagiu** – die größte Gruppe von Stelen und Menhiren auf Korsika, die 258 Monolithe umfasst. Nach Vermutungen des Forschers Graf von Keyserlingk gehören die Alignements de Palagiu zu einem komplexen astronomischen Beobachtungssystem, zu dem auch der Dolmen von Fontanaccia zählt. Eine Besichtigung ist jedoch nur bedingt möglich, vor allem in der Hochsaison (Privatgrund).
15 km südwestl. von Sartène; Anfahrt über D 48

MERIAN live!-QUIZ

GEWINNSPIEL: Monat für Monat eine Reise und weitere attraktive Preise zu gewinnen!

Um wen, was oder welchen Ort geht es hier?

» Manches Leben erscheint als Räuberpistole, gegen die sich der Graf von Monte Christo wie ein Bildungsroman liest. So auch beim hier Gesuchten, dessen Vita die Fantasie nicht nur seiner Zeitgenossen beflügelte. Wahrscheinlich in Köln geboren, wäre er heute wohl eher Mitglied der Prinzengarde. Er aber, kein Narrenstreich, wurde erster (und einziger) König von Korsika.

Zuvor war er: Page, Spieler und Rittmeister, schwedischer und spanischer Agent, dann schnüffelte er für die Habsburger in Florenz herum. Dort lernte er Exilkorsen kennen, denen er, dank Habsburgs Einfluss auf Genua, bei der Entlassung gefangener Freischärler half. Auf abenteuerlichen Wegen besorgte er Waffen für die Insel. Als Gegenleistung wurde er mit der Krone belohnt.

Trotz guter Ideen überforderten den eitlen König bald Fehden und Vendetta. Ein falscher Befehl (die Liquidierung eines unbotmäßigen Generals), und sein Leben war in Gefahr. Nach einem halben Jahr floh er, betrat die Insel nie wieder. Die Genuesen jagten ihn steckbrieflich in ganz Europa. Erwischt wurde er in London mittels eines horrenden Schuldscheins. 1756 starb er dort im Kerker.

Napoleon beschäftigte sich mit ihm. Bei Voltaire taucht er im Roman Candide auf. Paisiello komponierte eine Oper über ihn, die Goethe sehr schätzte. Und noch der erste deutsche Bundespräsident, mit dem er den Vornamen teilt, brachte ihn in einem Werk unter. Treffender Untertitel: Randfiguren der Geschichte. «

FELIX WOERTHER

Wenn Sie die Lösung wissen, besuchen Sie uns doch im Internet unter **www.merian.de/quiz** oder senden Sie uns eine E-Mail an **quiz@travel-house-media.de**
Unter den Einsendern verlosen wir Monat für Monat attraktive Preise. Viel Glück!

presented by **OLYMPUS**

Das Inselinnere

Hohe Berge, Seen, Wälder und Kastanien – hier zeigt sich Korsika von seiner alpinen Seite.

Im Jahr 1420 auf den Resten einer römischen Festung errichtet, erhebt sich die Zitadelle von Corte hoch über den verwinkelten Gassen der Altstadt.

Bei einer Fahrt durch das Inselinnere trifft man immer wieder auf ursprüngliche Dörfer, in denen die Korsen ihrem Alltag nachgehen. Dass man die Insel auch als »Gebirge im Meer« bezeichnet, wird bei einer Fahrt auf den kurvigen, z. T. schmalen Straßen sehr schnell verständlich. Tief schneiden sich Täler wie Restonica, Tavignano, Asco, Niolo in die Bergwelt ein. Sie sind ideale Zugänge zu den höchsten Bergen der Insel. Zentrum ist die Paolistadt Corte, die mit der historischen Eisenbahn auch ohne eigenes Fahrzeug bequem erreichbar ist. Für Wanderer ein idealer Stützpunkt für Touren im Gebirge. Adrette Orte, prähistorische Funde und schroffe Felsnadeln kennzeichnen den südlichen Teil des Inlandes.

Corte ⸺› S. 113, F 7

5500 Einwohner
Stadtplan → S. 77

In Corte schlägt das freiheitliche Herz der Insel. Hier soll Ugo della Colonna gelebt haben, der die Mauren vor mehr als 1000 Jahren von der Insel jagte, und man erinnert sich stolz an die 14 freien Jahre (1755–1769), in der Corte die Haupt- und Universitätsstadt Korsikas war. Hier ließ Paoli über die Verfassung abstimmen, und hier trat einmal im Jahr der korsische Nationalrat zusammen. »So cursu ne so fieru« (Ich bin stolz darauf, ein Korse zu sein) steht an den Wänden der Universität und »Terra corsa a i corsu« (Korsika den Korsen) am Eingang der Zitadelle, die sich über den Tälern der Restonica und des Tavignano erhebt. Seit 1981 ist Corte wieder Universitätsstadt.

Hotels/Andere Unterkünfte
Auberge de la Restonica
⸺› S. 77, südwestl. a 6
Unterkunft mit Flair: Antiquitäten, Souvenirs aus Afrika, individuell eingerichtete Zimmer. Restaurant, Pool. Vallée de la Restonica, 2 km von Corte; Tel. 04 95 45 25 25, Fax 04 95 61 15 79; 7 Zimmer ●● VISA 🐕

De la Paix ⸺› S. 77, C 2
Hotel im Stil der Dreißigerjahre mit renovierten, komfortablen Zimmern. Ruhige Lage in einer Seitenstraße.
Av. du Général-de-Gaulle;
Tel. 04 95 46 06 72, Fax 04 95 46 23 84;
63 Zimmer ●● MASTER VISA 🐕

Sampiero Corso ⸺› S. 77, C 4
Moderne Zimmer, günstig im Stadtzentrum gelegen.
Av. du Président-Pierucci;
Tel. 04 95 46 09 76, Fax 04 95 46 00 08;
Ende Sept.–Ende März geschl.;
31 Zimmer ●● 🐕

Spaziergang
Ausgangspunkt ist der **Palais National**, der noch aus der genuesischen Zeit stammt. Wenige Schritte entfernt liegt die **Place Gaffori** mit dem Haus des korsischen Generals und Freiheitskämpfers Gianpietro Gaffori. An der Südseite erhebt sich der schlanke Glockenturm der **Eglise de l'Annonciation** mit dem lebensechten Wachsmodell des hl. Théophile, des Schutzpatrons der Stadt. Vorbei am Palais National führt der Weg zur **Citadelle**, der einzigen Festung im Landesinneren Korsikas.

Sehenswertes
Campanile Saint-François ⸺› S. 77, östl. C 3
Der einzige dreieckige Campanile aus dem 15. Jh. in Europa steht mitten auf dem Universitätscampus.

Citadelle ⸺› S. 77, a 3/4
Oberhalb der früheren Place d'Armes (Exerzierplatz) erheben sich auf einem 100 m hohen Felsen die Akropolis der Stadt, die Zitadelle und das ehemalige Schloss des Vincentello d'Istria aus dem 15. Jh. Die Zitadelle war zuerst Sitz korsischer Feudalherren, später residierten hier Genuesen und

Noch bis 1983 waren in der Zitadelle von Corte Fremdenlegionäre einquartiert. Seit deren Abzug kann sie besichtigt werden.

Franzosen. Eine Zeit lang war sie Haftanstalt für politische Gefangene, im Zweiten Weltkrieg internierten dort die Italiener korsische Patrioten. 1962 wurden Einheiten der Fremdenlegion in der Festung kaserniert.

Im Sommer dient die Zitadelle als Kulisse für Theateraufführungen und Konzerte.

Von den Befestigungsanlagen hat man bei schönem Wetter einen traumhaften Blick auf Corte sowie die Berge und Täler der Umgebung.

Ein Teil der Zitadelle wird heute vom **Musée de la Corse**, dem korsischen Nationalmuseum, eingenommen, das das traditionelle Leben der Hirten und Bauern und die Entwicklung von Volksbräuchen und das moderne Korsika zeigt.
Tel. 04 95 45 25 45; tgl. 10–19.45 Uhr, im Winter kürzer; Eintritt 5,30 €

Eglise de l'Annonciation
···> S. 77, b 4

Die Verkündigungskirche mit ihrer cremefarbenen Fassade (17. Jh.) und hohem Glockenturm wurde 1450 errichtet. Im Inneren sind eine holzgeschnitzte Kanzel aus dem früheren Franziskanerkloster, ein Marmoraltar und Chorgestühl (16. Jh.), ein Tabernakel sowie in der Sakristei eine Marienstatue aus Marmor (17. Jh.) einen genauen Blick wert. Die Statue der Schutzheiligen stammt aus dem 18. Jh., der Altar aus Corte-Marmor aus dem späten 19. Jh.

Links vom Chor steht der Geburtsschrein des Schutzpatrons der Stadt: Blaise de Signori (1676–1740) trat unter dem Namen Théophile de Corte in den Franziskanerorden ein und wurde 1930 kanonisiert. In der ihm geweihten Kapelle sieht man ihn in Wachs nachgebildet (1979) auf dem Totenbett. Hier wurde auch Joseph Bonaparte, der Bruder Napoleons, getauft.
Place Gaffori

Eglise Saint-Théophile ···> S. 77, b 4
An der Stelle des Geburtshauses des Seigneurs Blaise de Signori – hinter dem Palais National, auf der Rückseite des ehemaligen Klosters Saint-Joseph de l'Apparition – steht ein modernes Oratorium, das sich zu einem kleinen Platz hin öffnet, wo einmal im Jahr, am Todestag des Heiligen, die Messe gelesen wird. Im Gitter vor dem Altar sind Szenen aus dem Leben des Heiligen dargestellt.

Maison Joseph Bonaparte et Arrighi di Casanova ···> S. 77, b 4
In diesem Haus lebten die Eltern Napoleons, hier wurde sein Bruder Joseph geboren, der spätere König von Spanien (1768–1844). Und auch Arrighi di Casanova, kaiserlicher General und Herzog von Padova (1778–1853), wohnte innerhalb dieser Mauern.
Place du Poilu

Corte
0
150 m
a
b
c
1
2
3
4
5
6
Calcuccia
Panate
Badello
Orta
Hôtel de Ville
Av. du Baron Mariani
Cours Paoli
Capuccini
Gorges du Tavignano
Arrighi di Casanova
Pl. Duc-de-Padoue
Rue
R. St-Joseph
Colonel
Eglise Ste-Croix
Gare, Campanile St-François
Av. Jean Nicoli
Citadelle
Feracci
Rue Xavier-Luciani
Musée de la Corse
Pl. du Poilu
Ville
Pl. Paoli
Maison Joseph Bonaparte et Arrighi di Casanova
Maison Gaffori
Pasquale Paoli
Rue Scoliscia
Palais National
Pl. Gaffori
Eglise de l'Annonciation
Av. du Président-Pierucci
Baliri
Eglise St-Théophile
Haute
Chemin de Baliri
Belvédère
Rue Prof. Santiaggi
Tavignano
Restonica
Pont Tavignano
Allée du 9 Septembre
Ajaccio, Aléria, Vallée du Tavignano
Pont Restonica
Allée du 9 Septembre
© MERIAN-Kartographie
Gorges de la Restonica
9

Malerische Winkel gibt es in Corte vor allem in der Altstadt zu entdecken.

Place Duc-de-Padoue ⇢ S. 77, b 2
Auf diesem lang gestreckten Platz erhebt sich die Statue des Generals Arrighi de Casanova von Auguste Bartholdi, der aus Corte stammt und Herzog von Padua wurde.

Place Gaffori ⇢ S. 77, b 4
Vor dem 1750 von den Genuesen belagerten Haus des Generals wurde 1901 eine Bronzestatue des Freiheitshelden in der Uniform des »Obersten Führers der Korsen« aufgestellt. Die Episode aus der Belagerung von 1750 ist auf dem Sockel des Denkmals im Bas-Relief zu sehen. Die Fassade zeigt noch die Einschläge.

Place Paoli ⇢ S. 77, b 4
In der Mitte des pulsierenden Platzes steht in Stulpenstiefeln, Frack, Jabot und Lockenperücke die Bronzefigur des korsischen Nationalhelden Pasquale Paoli, der Korsika für 14 Jahre die Unabhängigkeit sicherte. Im Blickfeld des »Babbu« konzentriert sich das Leben, verabredet man sich auf eine »pastizzata«. Von hier führt die Rue Scoliscia in die kopfsteingepflasterten Gassen der Oberstadt.

Ville Haute ⇢ S. 77, b 4/5
Cortes Altstadt hat sich mit historischen Häusern, kieselgepflasterten Gassen, Treppen und kleinen Plätzen mit Wachtürmen noch viel mittelalterliche Atmosphäre und Unverwechselbarkeit bewahrt. Den schönsten Blick auf die schiefer- und ziegelgedeckten Häuser hat man von den Mauern der Stadt und vom **Belvédère**, einem Aussichtpunkt auf einer Felsspitze gegenüber dem ältesten Teil der Festung. Das malerische Ambiente der Oberstadt ist durch die Pläne der Regierung, Corte zum kulturellen Mittelpunkt der Insel zu machen, bedroht.

Museen
Musée de la Corse ⇢ S. 77, a 4
→ Citadelle, S. 75

Essen und Trinken
Auberge de la Restonica
⇢ S. 77, südwestl. a 6
15 km südwestlich der Stadt werden in einem idyllisch gelegenen alten Holzhaus einfache, aber ausgezeichnete korsische Spezialitäten serviert: hausgemachte Würste, Ziegenfleisch,

wild wachsender Bergspargel und einheimischer Schafkäse. Die dazugehörige Wandererherberge ist sehr gefragt (→ S. 75).
Vallée de la Restonica;
Tel. 04 95 46 09 58 ●●

U Museu ⇢ S. 77, a 4
Gepflegtes Restaurant direkt neben der Zitadelle. Man sitzt sehr schön sowohl auf den Terrassen als auch innen. Große Auswahl an Fleisch und Fischgerichten, auch korsische Spezialitäten.
Rampe Ribanella; Tel. 04 95 61 08 36
●● CREDIT

A Scudella ⇢ S. 77, b 4
Mitten im Zentrum von Corte gelegen. Traditionelle korsische Küche in schlichtem Ambiente.
2, place Paoli; Tel. 04 95 46 25 31
●●● CREDIT

Service
Auskunft
Office du Tourisme ⇢ S. 77, b 3
Zitadelle
Tel. 04 95 46 26 70, Fax 04 95 46 34 05;
E-Mail: corte-toursime@wanadoo.fr;
www.corte-tourisme.com; Mo–Sa 9–13 und 14–19, So 10–13 und 15–19 Uhr

Ziele in der Umgebung
Aléria ⇢ S. 119, E 17

Die 15 ha große Ausgrabungsfläche der phokäischen Gründung (565 v. Chr.) **Alalia** mit der alten Hauptstadt der Insel liegt auf einem etwa 70 m hohen Plateau am rechten Ufer des Flüsschens Tavignano. In der antiken Nekropole (Totenstadt) hat man Kammergräber und Grabbeigaben, Feuerstätten, Brandgräber und ganze Begräbnisstraßen entdeckt. Von 500 bis 340 v. Chr. war Aléria eine griechische Siedlung, was attische Keramikfunde bezeugen, dann folgte die Übernahme durch die Römer. Höchst informativ ist die eigentliche Ausgrabungsstätte der antiken Stadt Aléria: ein hochinteressantes Ensemble mit Forum und Tempel, mit Bädern und Prätorium, dem Sitz des Gouverneurs, der vor 2500 Jahren von hier aus über ganz Korsika herrschte, mit Straßen und Wällen. Sehenswert ist auch das 1572 von den Genuesern errichtete **Fort Matra**, in dem heute das Musée Jérôme-Carcopino untergebracht ist.
48 km südöstl. von Corte;
Anfahrt von Corte über N 200

Zwischen Felswänden eingebettet liegt der Lac de Capitello, Ziel einer schönen Wanderung am Ende des Restonica-Tales (→ S. 81).

Museen

Musée Jérôme-Carcopino

Im Erdgeschoss von Fort Matra ist ein nach dem Archäologen Jérôme Carcopino (1881–1970) benanntes Museum untergebracht, mit kostbaren archäologischen Funden aus der vorrömischen Totenstadt und der späteren römischen Kolonie.

Saal 1: religiöses und wirtschaftliches Leben zur Spätzeit des römischen Imperiums (Münzen, Amphoren, Keramik); Saal 2: Aléria vor der römischen Herrschaft (rote, verzierte Keramik aus Arezzo, Keramik aus Gallien, Rekonstruktion eines römischen Grabes); Saal 3: das römische Aléria (schwarze Keramik, bemalte Keramik aus Etrurien, weiße Keramik aus der Campania); Saal 4: Aléria vor der römischen Herrschaft (Grabfunde, Objekte aus Iberien; attische Schale des Panaitos-Malers um 480 v. Chr.); Saal 5: älteste Funde (Rekonstruktion einer Stratigraphie, Kratere des Dinos-Malers um 425 v. Chr.); Saal 6–11: Funde aus der Nekropole (attische Keramik, Esels- und Hundekopf, Kratere, Helme und Bronzeschmuck).
Fort de Matra (an der N 198 bei Aléria); 16. Mai–30. Sept. tgl. 8–12 und 14–19 Uhr; in der übrigen Zeit 8–12 und 14–17 Uhr; 1. Nov.–1. April So geschl.; Eintritt 4 €

Ascotal ⇢ S. 114, A 10

Das Hochtal ist eines der besten Stützpunkte für Wanderer und Bergsteiger. Die 35 km lange Sackgasse endet nach einer teilweise atemberaubenden Strecke im weiten Talkessel Haute Asco. Hochalpine Landschaft, schroffe Felswände, Schluchten, Gebirgsbäche. So ist das Berghotel »Le Chalet« mit Wanderherbergen auch ein beliebter Ausgangspunkt für die Besteigung des Monte Cinto, dem mit 2707 m höchsten Gipfel Korsikas. Der GR 20 führt auf dem Grat entlang.
57 km nördl. von Corte

Boziu ⇢ S. 114, B 11/C 11

In der unzugänglichen Berglandschaft des Boziu östlich von Corte liegen die acht entlegenen Dörfer, die sich zum SIVOM (Syndicat intercommunal à vocation multiple) zusammengeschlossen haben, um ihr reiches kulturelles Erbe zu erhalten. Besonders sehenswert sind die romanischen Kapellen mit ihren einzigartigen Fresken: z. B. **Santa Maria Assunta** (Favalello) aus dem 15. Jh. und **San Nicolau** (Sermano, ebenfalls aus dem 15. Jh.). In den abgelegenen Dörfern kann man noch heute die alte korsische Musik hören (»paghjella«), die von drei Männerstimmen in den Tonlagen Tenor, Bariton und Bass a capella interpretiert wird.

Das Boziu wird von einer Wanderroute »Von Dorf zu Dorf« (»Da Paese a Paese«) erschlossen. Informationen sind bei der Naturparkverwaltung (→ Parc Naturel Régional de la Corse, S. 24) erhältlich.
Zufahrt: Richtung Aleria (N 200) und nach 5 km auf die D 39 nach Norden; weiter D 41; 17 km bis Sermano

Castiglione ⇢ S. 113, F 6

Von der Gipfelplattform des **Monte Cecu** bietet sich aus 754 m Höhe ein weites Panorama: Corte, die Tavignanu-Schlucht und der Monte Rotondo im Süden, die roten Bergspitzen der Aiguilles de Popolasca im Norden. Sehenswert die vorromanische **Kapelle Saint-Michel** mit einem Dachstuhl aus Kastanienholzbalken; in der Apsis Fresken aus dem 15. Jh. mit einem von den Attributen der Evangelisten eingerahmten Christus, darunter die Apostel; rechts und links des mit einem Rautenmuster verzierten Bogens erscheinen die Verkündigungsengel und die Jungfrau Maria sowie Maria mit dem Kind und der hl. Michael.
15 km nördl. von Corte; Anfahrt über die D 18

Gorges de la Restonica   ···⟶ S. 113, F 7/8

Die Wildwasserschlucht erreicht fast die Stadt und ist auf etwa 15 km mit dem Auto befahrbar (D 623). Sie ist Ausgangspunkt für viele Wanderungen, etwa zu den Bergseen **Melo** und **Capitello**, die als die schönsten Korsikas gelten. Kurz hinter dem Campingplatz ist von Mitte Juni bis Mitte September eine Informationsstelle stationiert, die auch Karten ausgibt.

ca. 7 km südl. von Corte; von Corte aus bei der Brücke auf die D 623 abbiegen

Niolo   ···⟶ S. 113, D 7/F 6

Zwischen der Balagne im Westen und der Castagniccia im Osten liegt das höchstgelegene Plateau der Insel (2706 m) mit den gewaltigen Massiven des Monte Cinto im Norden, der Paglia Orba im Westen, der Punta Artica im Süden und der Scala di Santa Regina im Nordosten. Der **Forêt de Valdo-Niello**, der größte korsische Forst mit majestätischen Laricio-Kiefern, ist das ethnische Herz der Insel – hier leben die Nachfahren islamisierter Korsen, die das überlieferte Erbe der korsischen Volkslieder bewahrt haben. Sehenswert sind das größte Dorf des Niolo, **Calacuccia** mit seiner Pfarrkirche (Kruzifix auf dem Hochaltar) und das Hirtendorf **Casamaccioli**. Hier wird am 8. September das drei Tage dauernde Kirchweihfest des Santo de Niolo gefeiert. Im Niolo findet man auch Spuren prähistorischer Besiedlung, zum Beispiel eine Natursteinhöhle am Westrand von **Albertacce** (Albri Albertini) mit Fundstücken aus dem 6. Jahrtausend v. Chr., Menhirstatuen (Ponte Altu), Dolmen (Casamaccioli), Befestigungsanlagen (Marze, Castelle, Capu di u Castellu) etc. Sehenswert: das kleine **Privatmuseum** mit archäologischen

Das wildromantische Restonica-Tal ist inzwischen unter Naturschutz gestellt.

Funden aus dem Niolo und die Dolmen von Niolo.

Im Niolo bieten sich zahlreiche Wandermöglichkeiten an. Es muss nicht unbedingt der anstrengende Aufstieg zum höchsten Gipfel, dem **Monte Cinto**, sein. Sehr lohnend sind auch die Wanderungen durchs Virotal, die Tageswanderung zum Monte Albano oder zur Paglia Orba. Am nahen Col de Verde quert der berühmte GR 20 die Passstraße und bietet einen guten Einstieg.

ca. 35 km nordwestl. von Corte; Anfahrt über N 193, nach 15 km links ab auf die D 84

Das Inselinnere: Niolo – Venaco

SEHENSWERTES
Scala di Santa Regina

⋯⋙ S. 113, E 7/F 7

Die »Treppe der Heiligen Königin« ist der Legende nach ein Werk der Jungfrau Maria. Als der Teufel einmal in großem Zorn diese gewaltige Schlucht schuf, die die Menschen nicht mehr überqueren konnten, wandte sich der hl. Martin an die Jungfrau Maria, die riesige Felsblöcke löste, so dass ein Zugang zum abgeschnittenen Hochgebirgstal des Niolo wieder möglich war.

Diese wilden Schluchten aus Granit, die das Flussbett des Golo einschließen, stellen eine der bemerkenswertesten Felslandschaften Korsikas dar. Die schmale Straße, die kühn in den Felsen gehauen ist, schlängelt sich auf etwa 20 km durch den Engpass und verlangt von dem Autofahrer volle Aufmerksamkeit. Ein Abstieg in die Schluchten stellt ein Risiko dar, da sich der Wasserpegel jederzeit schnell ändern kann, wenn Wasser aus dem Stausee von Calacuccia abgelassen wird.

Anfahrt: Von Corte kommend auf der D84 in der engen, atemberaubenden Passage vor Calacuccia

ESSEN UND TRINKEN
Chez Jacqueline ⋯⋙ S. 113, F 7

Charmantes Haus am Fuß der atemberaubenden Scala di Santa Regina. Vorzüglich die »cannelloni« und das »omelette di brocciu« mit korsischen Kräutern. 15 km nördlich von Corte gelegen.

Pont de Castirla; Tel. 04 95 47 42 04;
nur Mittagstisch ●● VISA

Tavignano-Tal ⋯⋙ S. 113, F 7

Gleich bei Corte beginnt das Tavignano-Tal, das von dem kleinen Bergbach durchflossen wird. Keine Straße, doch ein schöner Wanderweg auf einem alten Maultierpfad erschließt das vergleichsweise einsame Tal.

Der Weg führt hinauf ins Gebirge zum Wanderweg GR 20. Nach 1,5 Stunden erreicht man einen schönen Badeplatz am Bach. Zugang ab Corte.

Am Ortsrand

Venaco ⋯⋙ S. 114, B 12

Der kleine Fremdenverkehrsort, 600 m hoch über dem Vecchiu-Tal, das für seinen Schafskäse berühmt ist, liegt am 2453 m hohen Monte Cardo in einer idyllischen Edelkastanienlandschaft, 12 km südlich von Corte.

Neben alten, abweisend-trutzigen Häusern und ihren schönen Portalvorbauten und Deckengewölben ist besonders die manieristisch-barocke **Pfarrkirche Saint-Michel** (vom Vorplatz der Kirche schöne Aussicht auf die Täler des Tavignano und des Vecchiu sowie auf die Berge des Bozio!) sehenswert. Weiter südlich liegt ein etwa 100 ha großes Schutzgebiet für Wildschafe (**Parc de Verghello**).

2,5 km in Richtung Corte liegt der Felsvorsprung **Col de Bellagranajo** (723 m). Hier geraten Eisenbahnnostalgiker ins Schwärmen: Zwischen Venaco und Vivario überspannt der zwischen 1892 und 1893 von Gustave Eiffel errichtete, 96 m hohe und 149 m lange und spektakuläre Eisenbahnviadukt den wilden Vecchiu-Fluss. Kurz hinter der Brücke erkennt man Reste einer genuesischen Festung – das **Fortin de Pasciolo**. Von Venaco aus führen gut ausgeschilderte Wanderwege ins **Boziu** (→ S. 80).

12 km südl. von Corte

HOTELS/ANDERE UNTERKÜNFTE
Paesotel e Caselle

An einem Wildbach lädt das romantische Bungalowhotel und Restaurant zu vorzüglichen »storzapreti« und »truite vénacaise« ein. Swimmingpool, Tennis und Reitmöglichkeiten.

Le Vallon; Tel. 04 95 47 39 00,
Fax 04 95 47 06 65; 24 Zimmer;
Juni–Okt. geöffnet ●●●● MASTER VISA

Michelin serviert den besten Beifahrer.

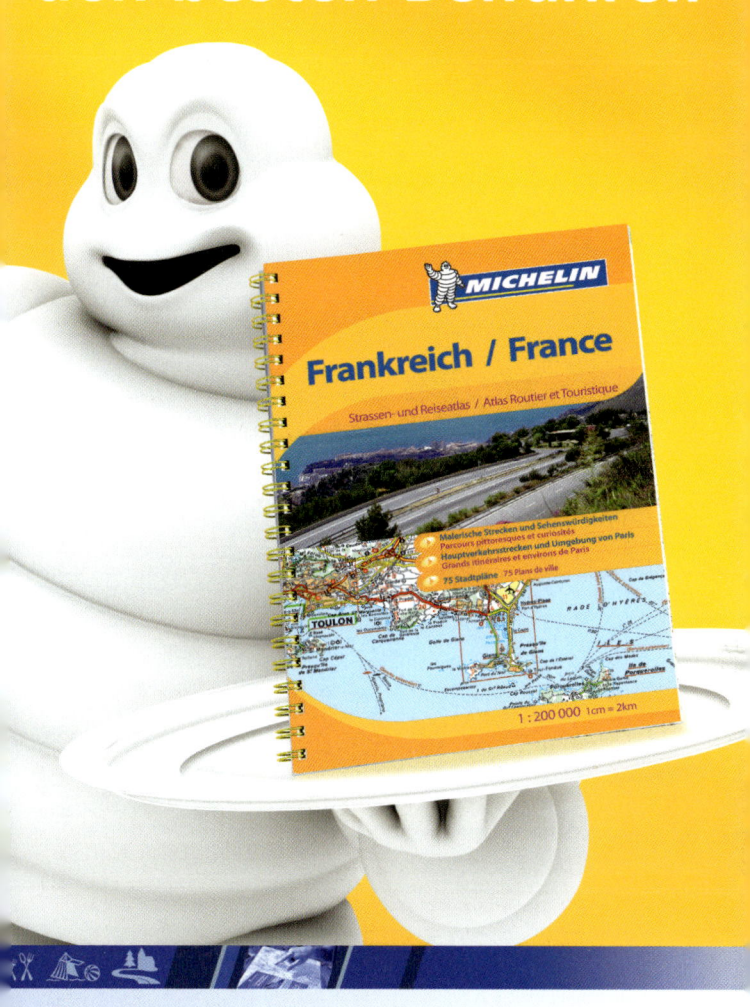

Der neue Michelin Atlas Frankreich ist ein unentbehrlicher Reisebegleiter.

MICHELIN
Wir bringen Sie weiter

Routen und Touren

Der 170 Kilometer lange Fernwanderweg GR 20 (→ S. 89) führt quer über das korsische Hochgebirge von Calenzana im Nordwesten bis nach Conca im Südosten der Insel. Einer der Höhepunkte der Wanderung ist der Weg über den Bavella-Pass (→ MERIAN-Tipp, S. 68).

Atemberaubende Straßen entlang der Westküste, eine Fahrradtour durch den »Garten der Insel« und herrliche Wanderungen kennzeichnen die Vielfalt der Möglichkeiten.

Der wilde Westen – Mit dem Boot, Auto und zu Fuß erlebt

Charakteristik: Als Bootsausflug gemütlich, zu Fuß kurze Wanderungen ab der Straße; **Länge:** 12 km auf der Straße von Porto bis Piana. Ca. 15 sm entlang der Küste bis Capo Rosso; **Dauer:** jeweils 1 Tag; **Einkehrmöglichkeiten:** Panoramabar »les Roches Bleues« an der Küstenstraße D 81; **Karte:** ⟶ Umschlagkarte vorne

Der Golf von Porto mit seinen rotbraun aufragenden Felsformationen gehört zu den schönsten Küstenpartien Korsikas. Die sogenannte »Calanche« bildet den Höhepunkt der schroffen Westküste. Es sind bizarre Felsformationen mit Löchern, Rissen oder Kanten. Was wie ein Schweizer Käse aussieht, den zusätzlich die Mäuse bearbeitet haben, ist ein Werk von Wind, Wasser und Temperaturunterschieden. Die rötliche Färbung ist auf den hohen Eisenoxydgehalt in dem Gestein zurückzuführen. Was die Natur über Jahrtausende geschaffen hat – ein Château, einen Hundekopf ... –, kann man hautnah auf kurzen Wanderwegen erleben und genießt dabei einen grandiosen Blick auf den Golf von Porto. Der schönste Abschnitt der Calanche wird durch die kurvige Küstenstraße von Porto bis Piana erschlossen. Ruhig und besonders schön ist es hier am frühen Morgen.

Vom Meer aus bietet sich wieder eine ganz andere Perspektive auf die über 1000 m aufragende Küste. Ausflugsboote fahren ab Porto dicht am Ufer entlang, und manche schaffen es sogar, durch Torbögen hindurchzukommen, die von den Felsen geformt wurden. Wie Spielzeugautos wirken aus dieser Perspektive die hupenden Ausflugsbusse auf der kurvigen Küstenstraße.

Wer den Schneid hat, einen Zodiak mit Außenbordmotor zu steuern, der kann diese Schlauchboote im Hafen mieten (führerscheinfrei) und damit in jede Grotte, jede Bucht fahren und die Vielfalt der Calanche im eigenen Rhythmus genießen. Zum Baden, Schnorcheln und Felsenspringen bieten sich unzählige Möglichkeiten. Handtuch, Badesachen und eine reichhaltige »Brotzeit« mit Getränken sollte man bei dieser Fahrt auf jeden Fall dabei haben.

Manche dieser außergewöhnlichen Felsformationen scheinen menschliche oder tierische Gestalt anzunehmen: Blick über die Calanche in der Umgebung von Piana auf den Golf von Porto (→ S. 46).

Die Balagne – Mit dem Fahrrad durch den Garten der Insel

Charakteristik: Anstrengend bergauf und -ab mit herrlichen Ausblicken; **Länge:** ca. 70 km; **Dauer:** gute Tagestour; **Einkehrmöglichkeiten:** Die Bergdörfer bieten immer wieder authentische Restaurants und Bars. Hier hat man Gelegenheit, mit den Einheimischen in Kontakt zu kommen; **Karte:** ⟶ S. 87

Die gewundenen Sträßchen der Balagne, wo sich hinter jeder Kurve ein neuer Ausblick eröffnet, sind wie geschaffen für Radfahrer.

Von Calvi sind es 10 km auf der N 197 bis nach **Lumio**, das 200 m über dem Meer liegt und von dessen Friedhof man einen tollen Ausblick auf Calvi und den Golf hat. Weiter geht es auf der D 71 über **Lavatoggio** nach **Cateri**. Wer die stark befahrene Nationalstraße (N 197) meiden möchte, der wählt besser 4 km nach Calvi die Straße nach Calenzana (D 151) und schon bald nach dem Abzweig die weniger frequentierte D 451 nach Montegrosso und weiter nach Cateri. In beiden Fällen geht es gut 500 Höhenmeter hinauf, bis man die »Balkondörfer« mit der herrlichen Aussicht auf den Golf erreicht hat. Ein Fahrrad mit guter Gangschaltung ist Voraussetzung.

Die folgende Strecke führt in leichtem Auf und Ab über Avapessa und Muro nach **Feliceto** (367 m hoch). Für die einzigartige Kapelle La Trinità lohnt sich der kurze Abstecher nach **Aregno**. Der verschiedenfarbige Stein und die schlichten Figuren machen sie zu einer der interessantesten Kapellen aus pisanischer Besiedelung. Nach weiteren 9 km kommt man ins malerische **Speloncato**, das als eines der schönstgelegenen Dörfer der Balagne gilt und ein idealer Ausgangspunkt für Wanderungen ist. Auf unzähligen Kurven geht es über Costa nach **Belgodère**, von wo aus man nach einer schönen Abfahrt bei **Lozari** wieder ans Meer gelangt. Über **L'Ile Rousse** und **Algajola** zurück nach Lumio bzw. Calvi über die stark befahrene, doch breite Küstenstraße. Alternativ mit der Schmalspurbahn zum Ausgangspunkt.

Wandern entlang der Westküste – Mit dem Duft der Macchia und dem Blick zum Meer

Charakteristik: Angenehme Wanderung in großartiger Küstenlandschaft. Übernachtung in einfachen Herbergen; **Höhenunterschiede:** Verläuft zwischen Meereshöhe und max. 1100 m; **Dauer:** Calenzana–Cargèse 9–10 Tage. Tagesetappen von 4–7 Std. Auch Teilpassagen möglich; **Einkehrmöglichkeiten:** Jeden Tag wenigstens am Abend; **Karte:** ⸺⟩ Umschlagkarte vorne

Spektakuläre Ausblicke bietet der Wanderweg »Tra Mare e Monti« auf den Golf von Girolata mit seiner zum Weltnaturerbe der UNESCO zählenden Halbinsel La Scandola.

Im Gegensatz zum bekannteren GR 20 im Hochgebirge berührt die »Strada tra Mare e Monti« korsische Berg- und Küstendörfer. Dies erleichtert die Verpflegung und reduziert das Gewicht des Rucksacks, ermöglicht in einer der »Gîtes d' Etape« (manchmal auch Hotel möglich) angenehm zu schlafen, korsische Spezialitäten in Geschäften oder Restaurants zu probieren und bietet einen kleinen Einblick in den korsischen Alltag.

Die Tour lässt sich leicht auch in Teiletappen realisieren, da sie immer wieder die Orte der Küstenstraße quert. Während die Tour im Frühjahr und Spätsommer ein Genuss ist, sollte man die heißen Monate Juli und August unbedingt meiden.

Etappenüberblick:
Calenzana (300 m) – Bonifatu (535 m) ca. 5 Std.
Bonifatu (535 m) – Tuarelli (100 m) ca. 7 Std.
Tuarelli (100 m) – Galeria (Meereshöhe) 4–4,5 Std.
Galeria (Meereshöhe) – Girolata (Meereshöhe) ca. 5,5 Std.
Girolata (Meereshöhe) – Curzu (290 m) ca. 6,5 Std.
Curzu (290 m) – Serriera (120 m) ca. 3 Std.
Serriera (120 m) – Ota (320 m) 6–6,5 Std.
Ota (320 m) – Marignana (730 m) ca. 4 Std.
Marignana (730 m) – Revinda (605 m) ca. 6,5 Std.
Revinda (605 m) – Cargèse (100 m) 4–4,5 Std.

Auch wenn es auf den ersten Blick nicht so aussieht, sind während der Etappen oft kräftige Auf- und Abstiegen zu bewältigen. Gutes Kartenmaterial ist für die Planung unerlässlich.

Von Küste zu Küste – Mit dem Rucksack über die Zweitausender Korsikas

Charakteristik: Hochalpine Wanderung in der Bergregion der Insel. Nur für Trainierte mit Erfahrung; **Länge:** 220 km; **Dauer:** 14–16 Tage; **Einkehrmöglichkeiten:** nur an den Passstraßen oder nach einem Abstieg ins Tal; **Karte:** ⟶ Umschlagkarte vorne

Der teilweise hochalpine Weg führt quer über die Insel, passiert die höchsten Berge und ist nur für trainierte und erfahrene Bergwanderer zu empfehlen. Es erwarten einen Schwindel erregende Passagen, große Höhenunterschiede, geringer Komfort und nur wenige Einkaufsmöglichkeiten, so dass Proviant immer für drei Tage als Vorrat mitgenommen werden sollte. Belohnt wird man dafür mit unvergesslichen Naturerlebnissen, grandiosen Ausblicken und glasklaren Bergbächen.

Der bekannte **Fernwanderweg GR 20** wurde in einer Zeit angelegt, als Korsika noch das Département 20 war, was ihm den Namen gab. Die alpinen Herausforderungen werden leider immer wieder unterschätzt, so dass Wanderer frühzeitig ihre Tour abbrechen müssen, was nicht jederzeit möglich ist. Wer die höchsten Gipfel »mitnehmen« möchte, sollte zusätzliche Zeit einplanen.

Die Strecke beginnt bei **Calenzana** in der Nähe von Calvi. Sie führt über den Hauptgrat nach **Conca** nördlich von Porto-Vecchio und ist nur im Sommer begehbar. Am Ende jeder Tagesetappe steht zur Übernachtung eine Selbstversorgerhütte mit Matratzenlager und Kochgelegenheit zur Verfügung. Zelten ist nur in der Nähe der Hütten und auf den dafür vorgesehenen Plätzen erlaubt.

Für die Wanderung ist eine genaue Streckenbeschreibung mit Karte dringend zu empfehlen. Ungeübte sollten die Tour keinesfalls allein unternehmen!

Nachfolgend die 16 Etappen mit Angabe der durchschnittlichen Dauer:

Calenzana – Ortu di Piobbu (6 Std.)
Ortu di Piobbu – Carrozzu (5,5 Std.)
Carrozzu – Haut Asco (5,5 Std.)
Haut Asco-Tighjettu (6,15 Std.)
Tighjettu – Ciottulu di i Mori (3,45 Std.)
Ciottulu di i Mori – Col de Verghio (2,3 Std.)
Col de Verghio – Manganu (5,45 Std.)
Manganu – Pietra Piana (7,15 Std.)
Pietra Piana – L'Onda (6 Std.)
L'Onda – Vizzavona (6 Std.)
Vizzavona – Capannella (5,3 Std.)
Capannella – Col de Verde (4,3 Std.)
Col de Verde – Usciolu (8 Std.)
Usciolu – Asinao (8,3 Std.)
Asinao – Paliri (6,3 Std.)
Paliri – Conca (5,3 Std.)

Für den Fernwanderweg GR 20 ist eine gute Ausrüstung unerlässlich.

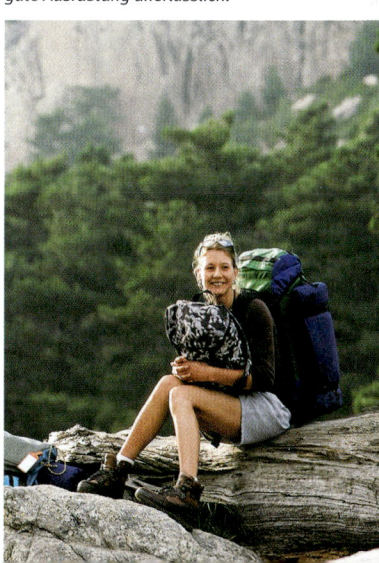

Korsika quer – Mit dem Auto von Bastia über den höchsten Pass in den Westen

Charakteristik: Kontrastreichste Strecke der Insel, teilweise enge kurvige Straßen; **Länge:** 134 km; **Dauer:** reine Fahrzeit 1 Tag. Wegen der lohnenden Stopps besser mehr Zeit einplanen; **Einkehrmöglichkeiten:** zahlreiche Restaurants am Weg; **Karte:** ⟶ Umschlagkarte vorne

Flott wird **Bastia** auf der N 193 nach Süden verlassen. Wer am feinen Sandstrand noch ein Bad nehmen möchte, der wählt besser den Schlenker am Ostrand des Etang de Biguglia und kann auf dem Weg noch die Kirche **La Canonica** (→ S. 35) einbauen. Ab **Casamozza** geht es 26 km lang kontinuierlich bergan. Der Golo zur Linken zählt zu den besten Kajakflüssen der Insel. Der Kreuzungsort **Ponte Leccia** hat Ähnlichkeit mit einer amerikanischen Kleinstadt. Er ist ein guter Ausgangspunkt für einen Abstecher ins **Ascotal** und die **Castagniccia**, doch kein Ort, um Urlaub zu machen. Nach 9 km auf der N 193 südwärts zweigt die schmalere Landstraße ins **Niolo** ab. Wer nicht nur durchrauschen möchte, dem sei ein Zwischenstopp in **Corte** empfohlen. In der Innenstadt unterhalb der Zitadelle kann man das Korsika der Korsen kennen lernen (→ S. 75). Es ist die Stadt Pascal Paolis, dem großen Freiheitskämpfer der Insel, und Sitz der einzigen Uni. Auf der kurvigen D 18 gelangt man nach 15 km wieder auf die Straße nach **Calacuccia**. Immer abenteuerlicher windet sich die Straße oberhalb des Golo am Steilhang. Wo absolut kein Platz mehr war, wurde sie in den Fels gesprengt. Manchmal klebt sie förmlich unter steilen Überhängen. Bogenbrücken führen über Seitentäler. Gelegentlich ist rechts oben der alte Verbindungsweg zu sehen. Bis 1889 war dies der einzige Zugang ins **Niolo**, auf dem die Hirten die Tiere zu den Sommerweiden trieben. Ein Schild »Scala di Santa Regina« (→ S. 82) weist auf einen kleinen Fußweg zwischen den Felsen hin. Wer eine Parkausbuchtung findet, sollte sich auf

Mit einem Mountainbike lassen sich in der Umgebung von Calacuccia (→ S. 81) auf abgelegenen Bergstraßen schöne Touren unternehmen.

Das hoch auf einem Felssporn gelegene Bergdorf Evisa ist Ausgangspunkt und Etappenziel verschiedenster Wanderungen.

dem historischen Weg für einige Zeit die Füße vertreten. Ab der Staumauer weitet sich das Tal, in dem sich der höchste Stausee Lac de Niolo ausdehnt. Der Hauptort Calacuccia ist Ausgangspunkt für Wanderungen und Mountainbike-Touren durch das Bergland. Wer auf den **Monte Cinto** (2706 m), den höchsten Berg der Insel, möchte, der kann dies ab Camping Mt. Cinto in einer Gewalttour (1700 m Aufstieg) realisieren. In nur einem halben Tag erreicht man durch das Virotal den Hochgebirgswanderweg GR 20 bei der Balonehütte. Unvergessen ist auch ein Aufstieg zur **Paglia Orba**, dem markantesten Berg der Region. In Kurven und Kehren weiter auf der D 84 durch den Forst zum **Col de Vergio** (1477 m), der Wasserscheide, hinauf. Je nach Tageszeit trifft man beim Hotel Wanderer, die sich mit Verpflegung für die nächsten Etappen versorgen. Im Frühjahr kann es sein, dass am Straßenrand noch hohe Schneereste zu sehen sind und eisige Kälte ins Fahrerhaus strömt. Vom Frühsommer bis zum Herbst halten sich hier oben die gefleckten Hausschweine auf und begrüßen ganz neugierig die Besucher. Den Wanderern stehlen sie gerne die Nahrung aus dem Zelt.

Von nun geht es nur noch bergab. Die meiste Zeit durch den Fôret d'Aitone. Im Bergdorf **Evisa** kann man das Meer schon erahnen. In einer der Bars sollten Sie sich einen Kaffee gönnen und die Atmosphäre unter den Korsen genießen, denn bald schon sind die Badeorte wieder erreicht. Wenn Sie die letzten Kilometer noch einmal wandern möchten, werfen Sie eine Münze. Wer Zahl hat, fährt den Wagen. Die anderen können über einen fantastischen, schattigen Weg in die **Gorges de Spelunca** absteigen, am Wildbach über eine Genuesenbrücke laufen und werden an der **Punta Pianella**, kurz vor Ota, wieder abgeholt. Der Fahrer erlebt allerdings auch eine grandiose Schlusspartie über eine breite, gut ausgebaute Kurvenstraße Richtung Porto. Durch das malerische Bergdorf **Ota** geht es dann gemeinsam über die D 124 an den spektakulären **Golf von Porto**, wo einen an der Straße zum Hafen viele Restaurants, Eisdielen und Hotels empfangen. Ein Bad in der Brandung spült die Strapazen der Fahrt im Nu davon.

Wissenswertes über Korsika

Vom Frühjahr bis zum Herbst lassen sich Ziegen und Hausschweine gerne auf Korsikas Bergstraßen nieder und versperren so manchem Fahrer auch mal die Weiterfahrt. Dann heißt es, sich in Geduld zu üben!

Von den Anreisemöglichkeiten über Buchtipps, Feiertage, Nebenkosten und das Reisewetter bis zu den Zollmodalitäten: Alles Wissenswerte über Korsika ist hier übersichtlich aufgeführt.

Jahreszahlen und Fakten im Überblick

3500–1000 v. Chr.
Megalithkultur. Aus dieser Zeit stammen die rätselhaften Menhire, Dolmen und Steinkisten.

1500–800 v. Chr.
Mittlere und jüngere Bronzezeit. Torreaner erobern den Süden der Insel und drängen die Megalithiker nach Norden.

1000–600 v. Chr.
Eisenzeit. In mehreren Wellen kommen Eroberer vom europäischen Festland.

Um 565 v. Chr.
Die Phokäer gründen die Stadt Alalia (Aléria), die in kurzer Zeit zu einem lebhaften Umschlagplatz mit Verbindungen im gesamten Mittelmeerraum wird.

238 v. Chr.
Die Karthager treten Korsika an Rom ab.

200 v. Chr.
Die Römer beginnen mit der Eroberung Korsikas, die fast ein Jahrhundert dauert.

100 v. Chr.
Marius gründet die römische Kolonie Mariana. Sulla macht 81 v. Chr. den Ort zum militärischen Stützpunkt.

3. Jh. n. Chr.
Das Christentum breitet sich von den römischen Kolonien Mariana und Aléria auf der Insel aus. Die Heiligen Restituta, Devota und Julia sterben den Märtyrertod.

5. Jh.
Wandalen und Ostgoten erobern die Insel. Im 6. Jh. kommt die Insel für 200 Jahre zum Byzantinischen Reich.

8.–11. Jh.
Das Mittelmeer wird von nordafrikanischen Piraten (Sarazenen) unsicher gemacht. Die Namen ihrer Stützpunkte wie Campomoro, Morsiglia, Morosaglia sind Zeugnisse ihrer Besiedlung.

1133
Papst Innozenz teilt die Insel: Pisa erhält die Bistümer Aléria, Ajaccio und Sagone; Genua Accia, Mariana und das Nebbio. Genua plant die Besetzung der Insel.

1296
Der Papst verleiht Korsika und Sardinien an Aragon.

1347
Korsische Adelige verbinden sich mit Genua gegen Aragon.

1348
Ein Drittel der Bevölkerung stirbt an der Pest.

1358
Die »Revolte de la Terre du Commun« lässt ein Bodenrecht entstehen, das den Bewohnern auf Gemeindegrund freies Weiderecht für die Herden gewährt.

1420–1434
Aragonesische Herrschaft.

1553–1559
Am 23. April 1553 nimmt der Maréchal de Thermes die Insel im Namen des französischen Königs in Besitz.

1567
Der Freiheitskämpfer Sampiero Corso lehnt die Rückgabe Korsikas an Genua ab, kämpft zwei Jahre gegen die Stadtrepublik und wird schließlich von seinem Waffenmeister umgebracht.

Geschichte

1667
700 Griechen vom Peloponnes lassen sich nach ihrer Vertreibung durch die Türken in Cargèse nieder.

1729–1760
Korsischer Unabhängigkeitskrieg. Der »Vierzigjährige Krieg«, auch »Korsische Revolution« genannter Konflikt, geht aus einer Volkserhebung hervor, die sich ursprünglich gegen die Besteuerung richtet und 1729 in Bozio ihren Anfang nimmt.

1736
Der westfälische Baron Theodor von Neuhoff herrscht sieben Monate als König über Korsika, bevor er ins Exil nach London geschickt wird.

1755–1769
General Paoli herrscht über Korsika, gibt der Insel eine moderne Verfassung und wird vom Volk als »Vater des Vaterlandes« gefeiert.

1768
Genua tritt Korsika im Vertrag von Versailles an Frankreich ab.

1769
Die Franzosen besiegen Paoli. Napoleon wird in Ajaccio geboren.

1790
Paoli wird von der französischen Nationalversammlung als Gouverneur eingesetzt.

1794
Englisch-korsisches Königreich, das zwei Jahre später von den Franzosen zurückerobert wird.

1811
Vereinigung der Départements Golo und Liamone zum Département Corse mit der Hauptstadt Ajaccio.

1914–1918
Mehr als 30 000 Korsen fallen im Ersten Weltkrieg.

1942
Deutsche und italienische Truppen besetzen die Insel, die bereits 1943 wieder befreit wird.

1975
Korsika wird in zwei Départements geteilt: Corse du Sud und Haute-Corse.

1976–1982
Die FLNC, die korsische Befreiungsfront, bekennt sich zu 298 Anschlägen.

1982
Paris gewährt Korsika einen politischen Sonderstatus. Das Regionalparlament kann aber seine politischen Möglichkeiten bis heute nicht nutzen.

1983
Offizielle Auflösung der FNLC durch die französische Regierung.

1990
Ein neues Verwaltungsstatut sichert Korsika größere wirtschaftliche und kulturelle Eigenständigkeit.

Februar 1998
Nach der Ermordung des Präfekten Claude Érignac entsendet die französische Regierung zahlreiche Sicherheitsbeamte nach Korsika.

Juni 2000
In Ajaccio wird das erste Festival zu Ehren Napoleons veranstaltet.

2004
200. Krönungsjubiläum Napoleon Bonapartes, das in seiner Geburtsstadt Ajaccio und auf der ganzen Insel gefeiert wird.

2007
Ganz Korsika feiert den 200. Todestag des korsischen Widerstandskämpfers Pascal Paoli (1725–1807) mit diversen Veranstaltungen.

Nie wieder sprachlos

Aussprache
~ über einem Vokal bedeutet, dass er nasal ausgesprochen wird:
ã wie chance
ẽ wie terrain
õ wie bonbon

Wichtige Wörter und Ausdrücke

Ja	oui [ui]
Nein	non [nõ]
danke	merci [mersi]
Wie bitte?	comment [komã]
Ich verstehe nicht.	je ne comprends pas [schö nö kõmprã pa]
Entschuldigung	pardon/excusez-moi [pardõ/exküseh-moa]
Hallo	salut [salü]
Guten Morgen/ Tag	bonjour [bõschur]
Guten Abend	bonsoir [bõsuar]
Auf Wiedersehen	au revoir [oh röwuar]
Ich heiße …	je m'appelle [schö mapäl]
Ich komme aus …	je suis de [schö süi dö]
Deutschland.	l'Allemagne [l'allmanj]
Österreich.	l'Autriche [l'otrisch]
der Schweiz.	la Suisse [la suis]
Wie geht's?	comment allez-vous/vas-tu [kommät alleh-wu/kommã wa-tü]
Danke, gut.	bien, merci [bjë mersi]
wer, was, welcher	qui, quoi, lequel [ki, koa, lökel]
wann	quand [kã]
wie viel	combien [kombiẽ]
wie lange	combien de temps [kombiẽ dö tã]
Sprechen Sie deutsch/ englisch?	parlez-vous allemand/anglais [parleh-wu almã/ãnglä]
heute	aujourd'hui [oschurdüi]
morgen	demain [dömẽ]
gestern	hier [iär]

Zahlen

ein	un [ẽ], une [ün]
zwei	deux [döh]
drei	trois [troa]
vier	quatre [katr]
fünf	cinq [sẽk]
sechs	six [sis]
sieben	sept [set]
acht	huit [üit]
neun	neuf [nöf]
zehn	dix [dis]
einhundert	cent [sã]
eintausend	mille [mil]

Unterwegs

rechts	à droite [a droat]
links	à gauche [a gohsch]
geradeaus	tout droit [tu droa]
Wie kommt man nach …?	pouvez-vous m'indiquer le chemin pour aller à [puwe wu mẽdike lö schöm? pur ale a]
Wo ist …	où se trouve [u sö truw]
die nächste Werkstatt?	le garage le plus proche [lö garasch lö plü prosch]
der Bahnhof?	la gare [la gar]
die nächste U-Bahn?	l'arrêt de métro le plus proche [larrä dö metroh lö plü prosch]
der Flughafen?	l'aéroport [laehropor]
die Touristeninformation?	l'office de tourisme [offis dö turism]
die nächste Tankstelle?	la station-service la plus proche [la stasjõ servis la plü prosch]

Bitte voll tanken!	le plein s'il vous plaît [lö plē sil wu plä]
Normalbenzin bleifrei	essence [esãs] sans plomb [sã plõ]
Ich möchte ein Auto/Fahrrad mieten.	je voudrais louer une voiture/un vélo [schö wudrä lueh ün voatür/ ē welo]
Wir hatten einen Unfall.	on a eu un accident [õna ü ?aksidã]
Wo finde ich ...	où est-ce que je trouve [uäskö schö truw]
einen Arzt?	un médecin [ē medsē]
eine Apotheke?	une pharmacie [ün farmasi]
Eine Fahrkarte nach ... bitte!	un ticket pour ... s'il vous plaît! [ē tikä pur ..., sil wu plä]

Übernachten

Ich suche ein Hotel.	je cherche un hôtel [schö schersch ēnohtäl]
Haben Sie noch Zimmer frei ...	avez-vous encore des chambres de libres [aweh-wu ãkor deh schäbr- dö libr]
für eine Nacht?	pour une nuit [pur ün nüi]
für eine Woche?	pour une semaine [pur ün sömän]
Ich habe ein Zimmer reserviert.	j'ai réservé une chambre [schä reserveh ün schäbr]
Wie viel kostet das Zimmer ...	combien coûte la chambre [kombiē kut la schäbr]
mit Frühstück?	avec le petit déjeu- ner [awek lö pöti dehschöneh]
mit Halbpen- sion?	en demi-pension [ã dömi pãsiõ]
Kann ich das Zimmer sehen?	est-ce que je peux voir la chambre [äskö schö pöh vuar la schäbr]
Ich nehme das Zimmer.	je prends la cham- bre [schö prã la schäbr]
Ich möchte mich beschweren.	je voudrais porter plainte [schö wu- drä porteh plēnt]
funktioniert nicht	ne marche pas [nö marsch pa]

Essen und Trinken

Die Speisekarte bitte!	la carte s'il vous plait [la kart sil wu plä]
Die Rechnung bitte!	l'addition s'il vous plaît [ladisjõ sil wu plä]
Ich hätte gern ...	Je vais prendre [schö wä prãdre]
Wo finde ich die Toiletten (Damen/ Herren)?	où sont les toilet- tes? (dames/ hommes) u sõ leh toalät (dam/om)]
Kellner/-in	monsieur/made- moiselle/madame [mösjöh/mad- moasel/madam]
Frühstück	petit déjeuner [pöti dehschöneh]
Mittagessen	déjeuner [dehschöneh]
Abendessen	dîner [dineh]

Einkaufen

Wo gibt es ...?	où se trouve [u sö truw]
Haben Sie ...?	avez-vous [aweh wu]
Wie viel kostet ...?	combien ça coûte? [kombiē sa kut]
Das ist zu teuer.	c'est trop cher [sä tro schär]
Geben Sie mir bitte 100 Gramm/ ein Kilo ...	je voudrais cent gramme/un kilo de [schö wudrä sã gram/ē kilo dö]
Briefmarken für einen Brief/ eine Postkarte nach ...	des timbres pour une lettre/carte postale pour [deh tēbr pur ün lettr/ün kart postal pur]

Die wichtigsten kulinarischen Begriffe

Wichtige Redewendungen im Restaurant → S. 97

A

abats: Innereien
abricot: Aprikosengeist
abricotine: Aprikosenlikör
agneau: Lamm
ail: Knoblauch
airelles rouges: Preiselbeeren
aliolu: kalte Knoblauchsuppe
aliva: Olive
alouette: Lerche
aloyau: Lendenstück
amandes: Mandeln
amourette: ein Likör mit Orangengeschmack
anchois: Sardellen
andouille: Schweinswurst aus Kutteln
andouillette: Kalbswürstchen
anguille: Aal
anisette: Anislikör
antillais: Mixgetränk aus Cola mit Rum
arigosta: Languste
artichauts: Artischocken
asperges: Spargel
assiette: Teller
avocat: Avocado
aziminu: korsische Bouillabaisse

B

baccalà frittu: frittierter Stockfisch
ballon: kleines Bier
barbue: Meerbutt
bardé: mit Speckstreifen umwickelt
basilic: Basilikum
bastelle: gefüllte Blätterteigtaschen
bavarois: süße Creme
bécasse: Schnepfe
bécot: junge Schnepfe
beignet: Krapfen
beurre: Butter
bien cuit: durchgebraten
bière à la pression: Bier vom Fass
bière blonde: helles Bier
bisque de crabes aux quenelles de saumon: Rahmcremekrabbensuppe mit Lachsklößchen
blanquette: Ragout
bœuf: Rind
boisson: Getränk
bouillabaisse: Fischsuppe
bouteille: Flasche
brebis: Schaf
brilluli: Kastanienmehlbrei mit Milch
brioche: Hefegebäck
brocciu: korsischer Käse
brochet: Hecht
brochette: kleiner Bratspieß
brut de brut: ganz besonders trockener Sekt (Champagner)

C

cabri: Zicklein
café au lait: Kaffee mit heißer Milch
café arosé: Kaffee mit Cognac
café liégeois: Eiskaffee
café viennois: eisgekühlter Kaffee mit Sahne
caille: Wachtel
calmar: Tintenfisch
camomille: Kamille
canard: Ente
canistrelli: Gebäck mit Anis oder Zitrone
canistrone: hartes, getrocknetes Rundbrot
cap corse: würzig-süßer korsischer Aperitif
carpe: Karpfen
carré: Rippenstück
carte: Speisekarte
– du jour: Tageskarte
– des vins: Weinkarte
casgiu: Käse
casse-croûte: kleiner Imbiss
cassoulet: Eintopf mit weißen Bohnen
cédratine: Zedrat-Zitronen-Likör
cèpes: Steinpilze
cerises: Kirschen
chanterelles: Pfifferlinge
chapon: Kapaun
charcuterie: Wurstaufschnitt

chaud: heiß
chausson: Blätterteigtasche
chèvre: Ziege
chocolat liégeois: Eisschokolade
chou: Kohl
choucroute: Sauerkraut
ciboulette: Schnittlauch
citronnade: Zitronensaft
clafoutis: Obstauflauf
cœurs de palmier: Palmenherzen
cognac: Cognac
colin: Seehecht
congre: Seeaal
consommé: Suppe
coppa: geräucherter Schweinekamm
coq: Hahn
coquillages: Muscheln
cornichon: Gewürzgurke
côte: Rippenstück
coupe: Becher (für Eis oder Früchte)
courge: Kürbis
courgette: Zucchini
couteau: Messer
crème: Sahne, auch süßer Likör
crème de cassis: Likör aus schwarzen Johannisbeeren
crème de moka: Mokkalikör
crevettes: Garnelen
croûtons: geröstete Brotwürfel
crudités: Rohkostsalate
cusgiulelle: trockene Kuchen aus Calenzana

D
daube: Schmortopf
daurade: Goldbrasse
dégustation gratuite: kostenloser Probeausschank (Weinprobe)
déjeuner: Mittagessen
diabolo: Limonade mit Grenadine
digestif: Verdauungsschnaps
dinde: Pute
doux, douce: süß

E
eau: Wasser
– *de-vie:* Schnaps
– *minérale:* Mineralwasser
– *(non) potable:* Wasser (nicht) zum Trinken
entrée: Vorspeise
épaule: Schulterstück

épinards: Spinat
escalope: Schnitzel
escargots: Schnecken

F
faisan: Fasan
fasgioli: heiße Kastanien
fèves: dicke Bohnen
fiadone: Brocciu-Kuchen
figatellu: Fleisch-Leberwurst
figues: Feigen
flan: Pudding
foie de génisse: Rindsleber
foie gras: Gänseleber
fourchette: Gabel
framboises: Himbeeren
fritelle di brocciu: Krapfen mit Brocciu
friture du golfe: in Omeletteteig gebackene Sardinen
fromage: Käse
fromage blanc: Quark
fruits: Früchte, Obst
fugazzi: süße Kuchen (werden am Karfreitag gegessen)
funzi arrustiti: gegrillte Pilze

G
gâteau: Kuchen
gibier: Wild
girolles: Pfifferlinge
glace: Eis
grenouille: Frosch
griottes: Sauerkirschen
groseilles: Johannisbeeren

H
haricots verts: grüne Bohnen
herbes: Kräuter
homard: Hummer
huile: Öl
huîtres: Austern

I
infusion: Kräutertee

J
jambon: Schinken
jardinière: Mischgemüse
jus de fruits: Fruchtsaft
– *de raisin:* Traubensaft
– *de tomate:* Tomatensaft

K

kir: Aperitif aus Likör und trockenem Weißwein

L

lait: Milch *(lait entier:* Vollmilch)
– écrémé: Magermilch
– fermenté: Buttermilch
laitue: Kopfsalat
langouste: Languste
langue: Zunge
lapin de garenne: Wildkaninchen
lard: Speck
légumes: Gemüse
lentilles: Linsen
lièvre: Hase
limande: Scholle
liqueur de myrtes: Myrtenlikör
lonzu: in Pfeffer gerolltes Schweinefilet
lotte: Seeteufel
loup de mer: Seewolf

M

macédoine: Mischgemüse
mâche: Feldsalat
maquereau: Makrele
marc: Trester
marmite de pêcheur: Fischeintopf
megisca: gesalzenes und geräuchertes Lamm- und Ziegenfleisch
merle a l'usu corse: Amsel auf korsische Art
miel: Honig
migliacci: Brocciu-Kuchen auf Kastanienblättern
minestra: Gemüsesuppe
– di putine: Suppe mit kleinen gekochten Fischen
mirizani pieni: gefüllte Auberginen
moules: Miesmuscheln
moutarde: Senf (Mostrich)
mouton: Hammel
mûre: Brombeergeist
myrtille: Blaubeerschnaps
myrtilles: Heidelbeeren
mystère: Eistorte

N

navarin: Hammelragout mit Rüben
noix: Walnuss
note: Rechnung
nouilles: Nudeln

O

œuf à la coque: weiches Ei
œufs sur le plat: Spiegeleier
oie: Gans
oignon: Zwiebel
oison: junge Gans
omelette au brocciu: korsisches Käseomelette
omelette norvégienne: Eis in Biskuit, mit Baiser überbacken
oursin: Seeigel

P

pain: Brot
– complet: Vollkornbrot
panizzi: frittierte Küchlein aus Kichererbsenmehl
pastèque: Wassermelone
pastis: Anisschnaps, den man mit Wasser verdünnt trinkt
pâté: Pastete
pâtes: Teigwaren
pêches: Pfirsiche
perdreau, perdrix: Rebhuhn
petit déjeuner: Frühstück
petits pois: Erbsen
petit noir: kleiner, starker schwarzer Kaffee
pintade: Perlhuhn
pistache: Pistazien
piverunata: Paprika mit Pilaf
plat: Gericht, Platte
– du jour: Tagesgericht
poires: Birnen
poisson: Fisch
poivre vert: grüner Pfeffer
poivrons: Paprikaschoten
pomme: Apfel
pommes de terre: Kartoffeln
– sautées: Bratkartoffeln
– vapeur: Salzkartoffeln
porc: Schweinefleisch
porcelet: Spanferkel
porto: Portwein
pot au feu: gekochtes Rindfleisch in Gemüsebrühe
potage: Suppe
poulastrou: Hühnchen
poulet: Huhn

poulpe: Tintenfisch
prisuttu: geräucherter Schinken
pulenta: dickes Kastanienpüree

Q
quenelles: Klößchen

R
radis: Rettich, Radieschen
raie: Rochen
rappu: süßer Wein
ratatouille: gemischtes Gemüse
recommandé: empfohlen, empfehlenswert
riffia: Spießchen mit Innereien vom Lamm
ris: Reis
rognons: Nieren
rouget: Rotbarbe

S
saignant: »englisch« gebraten
salade: Salat
sandre: Zander
sanglier: Wildschwein
sangui: Blutwurst
saumon: Lachs
seiche: Tintenfisch
sel: Salz
service (non) compris: Bedienung (nicht) inbegriffen
sole: Seezunge
soupe au pistou: Gemüsesuppe mit Knoblauch und Basilikum
storzapreti: Klöße aus Spinat, Brocciu, Eiern und Reibkäse
stufatu: Ragout aus Fleisch
sucre: Zucker (*sucré:* gesüßt)
suppa paesana: korsische Gemüsesuppe

T
tarte: Torte
terrine de sanglier: Wildschweinpastete
thé nature: schwarzer Tee
thon: Tunfisch
tianu: Tongefäß, Schmorgericht
tianu di misgiscia: Ragout aus gesalzenem Lamm-/Ziegenfleisch
tourteau: Taschenkrebs

tranche: Schnitte, Scheibe
trippes: Kutteln
truffes: Trüffeln
truite : Forelle
turbot: Steinbutt

V
vache: Kuh
vea seccata: (Brot der Toten) Gebäck zu Allerheiligen
veau: Kalb
vermicelles: Fadennudeln
viande(s): Fleisch
vinaigre: Essig
vin blanc: Weißwein
– *de liqueur:* mit Alkohol angereicherter Likörwein
– *de noix:* Nusswein
– *de paille:* süßer Weißwein
– *de pays:* Landwein
– *de table:* Tischwein
– *d'oranges:* Orangenwein
– *mousseux:* Schaumwein
– *rosé:* Roséwein
– *rouge:* Rotwein
volaille: Geflügel

Der korsische Schafs- oder Ziegenkäse, köstliches Dessert im Restaurant, wird direkt bei den Hirten aus der näheren Umgebung eingekauft.

Nützliche Adressen und Reiseservice

> **AUF EINEN BLICK**
> **Einwohnerzahl:** ca. 270 000
> **Fläche:** 8720 qkm
> **Länge:** 183 km, max. Breite 83 km, 1000 km Küste. 50 Berge über 2000 m, höchster Berg: Monte Cinto.
> **Sprache:** Amtssprache französisch. Immer mehr Menschen sprechen auf der Insel wieder korsisch.
> **Verwaltungseinheit:** Bis 1975 war Korsika das Département Nummer 20. Dann wurde es in das Département Haute Corse mit Bastia als Hauptstadt eingeteilt (Autokennzeichen 2B) und Corse du Sud mit Ajaccio als Hauptstadt (Autokennzeichen 2A).
> **Wirtschaft:** Da Korsika ein Gebirge im Meer ist, kann die Agrarwirtschaft sich nur wenig entwickeln. Die größten Wein- und Zitrusplantagen erstrecken sich in der Ebene entlang der Ostküste. Bekannte Weinanbaugebiete liegen im Norden um Patrimonio und im Süden um Sartène. Die erzeugten Mengen sind vergleichsweise gering. Dem Tourismus kommt für die Insel die größte wirtschaftliche Bedeutung zu.

ANREISE

Mit dem Flugzeug
Die wichtigsten korsischen Flughäfen sind Ajaccio, Bastia, Calvi und Figari. Air France und CCM Airlines steuern Korsika das ganze Jahr über im Linienflug an (ab Paris, Marseille, Lyon und Nizza). Ab Deutschland gibt es Linienflüge der Air France. Darüber hinaus aber empfehlen sich zahlreiche preiswertere Charterangebote von deutschen Flughäfen aus (Düsseldorf, Berlin, Frankfurt, München). Von Genf, Wien, Salzburg, Innsbruck und Zürich gibt es im Sommer regelmäßige Flugverbindungen nach Korsika.

Mit dem Europäischen Binnenmarkt sind zahlreiche Wettbewerbsbeschränkungen weggefallen; die Sondertarife für Linien- und Charterpreise machen exakte Preisangaben sinnlos. Flüge zu Sondertarifen bieten Air France und CCM Airlines über Paris, Marseille oder Nizza an.

Auskünfte und Buchungen
in **Deutschland**:
Air France, Reservierungszentrale
Tel. 01 80/5 83 08 30
in **Österreich**:
Air France
Stadtbüro; Kärntnerstr. 49, 1010 Wien;
Tel. (01) 5 02 22 24 00
in der **Schweiz**:
Air France
2, rue du Montblanc, 1202 Genève;
Tel. (01) 4 39 18 18; www.arifrance.com

Mit Auto und Fähre
Von Deutschland fährt man über den Brenner (mautpflichtig), die Schweiz (Autobahn-Vignette!) und Frankreich zu einem der zahlreichen Fährhäfen. Ab Italien steuern private Gesellschaften (**Corsica Ferries, Moby Lines, MEDMAR, SA etc.**) zu unterschiedlichen, saisonabhängig stark schwankenden Tarifen vorwiegend Bastia an. Die Überfahrt mit der Fähre ist von Genua (ca. 5 Stunden) und Livorno (4 Stunden) möglich. Von den französischen Hafenstädten Marseille, Toulon und Nizza dauert die Überfahrt sechs bis zwölf Stunden. Mit dem Schnellschiff von Nizza benötigt man weniger als vier Stunden. Buchen kann man bei der staatlichen **SNCM** (Société Nationale Maritime Corse-Méditerranée), die mit ihren Schiffen von Nizza, Toulon und Marseille neben Bastia auch Ajaccio, Calvi, Porto-Vecchio und Propriano anläuft.

Ein Kabinenplatz empfiehlt sich nicht nur bei Nachtfahrten. Denn auch wenn das Schiff frühmorgens ablegt, besteht zuvor die Möglichkeit der Bordübernachtung, die einem Hotelaufenthalt vorzuziehen ist. Rechtzeitige Vorbuchung ist vor allem in der Hauptsaison unabdingbar. Bei Umbuchungen vor Ort sollte man bei derselben Fährgesellschaft bleiben, will man unnötige Zusatzkosten vermeiden.

Auskunft und Buchung:
Corsica Ferries
– Georgenstr. 38, 80799 München;
 Tel. 01 80/5 00 04 83,
 Fax 0 89/38 99 91 12
– Wehntalerstr. 102, CH-8057 Zürich;
 Tel. 09 00/77 88 98;
 www.corsicaferries.com

Moby Lines
Reservierungen: Moby Lines Europe
Wilhelmstr. 36–38, 65183 Wiesbaden,
Tel. 0 61 11/40 20, Fax 0 61 11/40 22 44;
www.mobylines.de

SNCM (Corsica Marittima)
– Berliner Str. 31–35, 65760 Eschborn;
 Tel. 0 61 96/4 29 11, Fax 48 30 15;
 www.sncm.fr

Auskunft
In Deutschland:
Amtliches Französisches Verkehrsbüro
Westendstr. 47, 60325 Frankfurt (Main);
Service-Tel. 01 90/57 00 25

In Österreich:
Touristenzentrum Frankreich
Lugeck 1–2, A-1010 Wien;
Tel. 09 00/25 00 15

In der Schweiz:
Französisches Verkehrsbüro
– Rennweg 42, CH-8023 Zürich;
 Tel. 09 00 90 06 99

Auf Korsika:
In jedem größeren Ort gibt es ein Fremdenverkehrsamt (**Office de Tourisme** oder **Syndicat d'Initiative**). Zentrale Auskunftsstelle:
Agence du Tourisme de la Corse
17, bd. Roi Jérôme, BP 19–20181 Ajaccio;
Tel. 04 95 51 00 00, Fax 04 95 51 14 40
 Alle Touristenbüros sind unter www.visit-corsica.com aufgelistet.

Bevölkerung
Die Insel Korsika ist mit 8720 qkm nach Sizilien, Sardinien und Zypern die viertgrößte Insel des Mittelmeeres. Sie liegt fast 200 km von der französischen und rund 100 km von der italienischen Küste entfernt. Die knapp 270 000 Einwohner (26 Einw./qkm) leben in den Départements **Haute-Corse** (mit den Arrondissements Bastia, Corte und Calvi) und **Corse-du-Sud** (mit den Arrondissements

Treffpunkt Café: Bei einem Glas Wein oder Pastis lassen die Korsen die Tagesereignisse Revue passieren.

Ajaccio und Sartène). Sie sind in 40 Kantone und insgesamt 360 Gemeinden gegliedert.

Mehr als die Hälfte der Bevölkerung lebt in den städtischen Großräumen Ajaccio und Bastia. Darum spricht man auch von einem zweigeteilten Korsika: dem Küstenkorsika (mit Industrie und Handel), wo der junge und aktive Teil der Bevölkerung wohnt und arbeitet, und dem traditionsbewussten Landesinneren, dessen Bevölkerung überaltert ist.

Ein weiteres auffälliges Merkmal der Bevölkerungsstruktur ist seit jeher der hohe Anteil an heimischen Auswanderern. Hauptziele der Emigranten waren immer schon das französische Festland und die Toskana.

Buchtipps

Als der französische Autor **Prosper Mérimée** 1840 seinen Roman **Colomba** veröffentlichte, ging ein Raunen durch die Pariser Salons: Blutrache, eine ebenso schöne wie rachsüchtige Heldin, Banditen in der Macchia – das spannende Buch traf mitten ins Herz des romantischen Zeitgeistes (Reclam Nr. 1244). **Asterix auf Korsika**: Amüsant und doch so typisch werden die Korsen beschrieben, ihr Land, ihre Mentalität. Besser könnte man sich nicht auf die Insel einstimmen.

Die Frau aus Korsika von **Madge Swindells**: Dieser Roman erzählt die Geschichte einer korsischen Witwe, die ihren Schwiegervater mit dem Jagdgewehr erschossen hat, und einem amerikanischen Archäologen, der versucht, die attraktive Frau vor der Todesstrafe zu retten. Er deckt dabei ein unvorstellbar grausames Verbrechen auf. Die Inselbewohner und die Schauplätze sind detailliert beschrieben. So wird man Orte und Eigenschaften bei einer Korsikareise schnell wieder erkennen (Lübbe-Verlag).

Diplomatische Vertretungen

Außer dem Konsulat in Bastia gibt es keine deutschsprachigen Vertretungen auf Korsika; die nächsten sind in Marseille auf dem französischen Festland.

Generalkonsulat der Bundesrepublik Deutschland
20200 Bastia; Tel. 04 95 33 03 56, Fax 04 95 33 88 89

Österreichisches Konsulat
27, cours Pierre Puget, 13006 Marseille; Tel. 04 91 53 02 08, Fax 04 91 53 71 51

Generalkonsulat der Schweiz
7, rue Arcole, 13006 Marseille; Tel. 04 96 10 14 10

Feiertage
1. Januar (Neujahr)
1. Mai (Tag der Arbeit)
8. Mai (Kriegsende)
   Christi Himmelfahrt
   Pfingstmontag
14. Juli (Nationalfeiertag)
1. Nov. Allerheiligen
11. November (Waffenstillstand, Erster Weltkrieg)
25. Dezember (Weihnachten)

FKK

An der Ostküste gibt es einige Feriendörfer und Campingplätze mit FKK-Stränden:

A Baghiere – Centre Naturiste Tropica – Club Corsicana – Centre Naturiste International Riva Bella – Club du Soleil d'Aléria – Camping Naturiste de Vilata (Pinarellu) – Centre Naturiste International La Chiappa (La Chiappa).

Freizeitarchäologie

Auf Korsika können Interessierte als freiwillige Helfer an Ausgrabungen teilnehmen. Der Parc Naturel Régional de la Corse hat eine Broschüre über die wichtigsten Ausgrabungen herausgegeben.
Information:
Direction Régionale des Affaires Culturelles
19, cours Napoléon, 20000 Ajaccio

Geld

Geldautomaten für EC/Maestro- und Kreditkarten sind in größeren Orten vorhanden. Mit der Post-Sparkarte kann man an bestimmten EC-Geldautomaten ebenfalls Bares bekommen.

Das Zahlen mit Kreditkarten ist in Frankreich in besseren Hotels, Restaurants, Tankstellen, an den Mautstellen der Autobahn und in bestimmten Geschäften möglich, zum großen Teil sogar üblich. Weit verbreitet sind Visa, American Express, Diners und Mastercard.

Banken haben ihre Schalterstunden entweder von Mo–Fr oder von Di–Sa.

Internet

Die wichtigste und interessanteste Website, die sich mit Korsika beschäftigt, ist zurzeit: **www.corsica.net**. Hier findet man alle notwendigen Informationen zu Hotels, Veranstaltungen etc. Auch in deutscher Sprache.

www.destination-sudcorse.com bietet viele praktischen Infos über den Süden der Insel.

www.tourisme.fr Auf dieser Seite sind viele Orte auf Korsika mit nützlichen Infos vertreten. Englisch und Französisch.

www.franceguide.com Offizielle Internetseite des Fremdenverkehrsamtes für ganz Frankreich.

Macchia

Macchia heißt das 2 bis 4 m hohe Buschdickicht aus dornigem Unterholz und immergrünem Wildwuchs, das mehr als ein Viertel der Insel bedeckt. Die in den letzten Jahren durch Brände und Rodung stark zurückgegangene Macchia (kors. Maccju – das einzige korsische Wort der französischen Sprache!) bezeichnete zunächst die Zistrose, die Charakterpflanze des Buschwaldes. Weideland, durch die Brandrodung gewonnen, erobert die Macchia schnell zurück, die ihrerseits zahlreiche nützliche Produkte liefert: Gerbstoffe, Harze, Farben, Fasern, Brennholz und Holzkohle. In der Macchiazone wachsen Rosmarin, Oleander, die weißliche und rosa Zistrose, blütenweiß getupfte Baumheide, der Erdbeerbaum, die Waldrebe und die immergrüne, stachlige Kermeseiche.

Medizinische Versorgung

Apotheken (**pharmacies**) sind von Mo–Sa meist zwischen 9–12 und 14/15–19 Uhr geöffnet. Wochenend- und Feiertagsdienst wird im *Corse-Matin* und *Nice-Matin* in der Rubrik »Bloc-Notes« bekanntgegeben. Bei medizinischen Notfällen kann man auf ganz Korsika die 15 wählen.

Musik

Noch heute versammelt man sich in einigen Dörfern zum »chjama e rispondi« (Zuruf und Antwort): ein uraltes Vergnügen, bei dem sich zwei Gegner in einem poetischen Duell gegenüberstehen und versuchen, dem Gegner keine Antwort schuldig zu bleiben. Die Strophen bestehen aus drei gereimten Versen zu 16 Silben.

Nebenkosten in Euro	
1 Tasse Kaffee	1,10–1,40
1 Bier (Flasche)	2,50–4,00
1 Cola	2,30–3,00
1 Brot (Weißbrot)	0,65–0,80
1 Schachtel Zigaretten	3,75
1 Liter Benzin	1,35
Fahrt mit öffentl. Verkehrsmitteln (Einzelfahrt)	1,50
Mietwagen/Tag	ab 120,00

Stand: Oktober 2007

Einige Plattentipps: **Les Chanteurs de Sermano** spielen polyphone religiöse Paghiella-Musik. Hervorragende Folklore kommt von den Gruppen **I Muvrini**, **A Filetta** und **Canta u populu corsu**.

POLITIK

Die offizielle Auflösung der Nationalen Befreiungsfront (FLNC) im Jahre 1983 durch die Regierung hat noch keinen endgültigen Frieden zwischen den Anhängern des französischen Staates und den Nationalisten gebracht: Obwohl sich die separatistische Bewegung in einer Krise befindet und in zahlreiche, manchmal verfeindete Gruppen zersplittert ist, führt sie weiterhin Anschläge durch, die sich jedoch nie gegen Touristen richten. Die Mehrzahl der korsischen Bevölkerung steht irgendwo zwischen den beiden Lagern: Obwohl sie mit der politischen Gesamtsituation unzufrieden ist, befürwortet sie keinesfalls die gewalttätigen Aktionen der »Freiheitskämpfer«.

POST

Postämter (»bureaux de poste«) sind Mo–Fr von 9–19, Sa von 9–16 Uhr geöffnet, auf dem Land oft von 8–12 und 14–18.30 Uhr.

REISEKNIGGE

Im Café kommt die Rechnung meist mit einem kleinen Schälchen für den Obolus auf den Tisch. Aufrunden bzw. 10 % Trinkgeld sind üblich. Im Restaurant wird die Rechnung in der Regel für den ganzen Tisch gemacht. Wer einzeln bezahlt, fällt schnell als Urlauber auf. Wasser wird gern zum Essen getrunken. Wer kein teures Mineralwasser bestellen möchte, bittet um »l'eau plate en pichet«.

Knappe Badekleidung ist im Ort nicht üblich, schon gar nicht im Inland.

REISEWETTER

Die Klimaunterschiede zwischen der Küste und den Bergen im Inneren sind auf Korsika oft beträchtlich. So kann es im Sommer, wenn am Meer mediterranes Klima herrscht, in den Bergen doch recht kühl sein. In den Hochsommermonaten Juli und August wird es teilweise sehr heiß. Beste Reisemonate sind Mai und Juni, wenn die Temperaturen noch nicht so hoch sind, man aber dennoch schon baden kann.

Entfernungen (in km) zwischen wichtigen Orten auf Korsika

	Ajaccio	Aléria	Bastia	Bonifacio	Calvi	Corte	Ersa	Porto	Porto-Vecchio	Sartène
Ajaccio	–	106	147	138	144	76	197	82	148	84
Aléria	106	–	71	116	116	48	121	136	88	108
Bastia	147	71	–	187	94	71	50	135	159	179
Bonifacio	138	116	187	–	232	164	237	220	28	54
Calvi	144	116	94	232	–	68	128	77	204	228
Corte	76	48	71	164	68	–	121	88	136	160
Ersa	197	121	50	237	128	121	–	185	209	229
Porto	82	136	135	220	77	88	185	–	222	166
Porto-Vecchio	148	88	159	28	204	136	209	222	–	64
Sartène	84	108	179	54	228	160	229	166	64	–

Warme Kleidung und feste Schuhe mit Profilsohle sind für Wanderungen selbst bei Sonne nötig, auch sollte man immer eine Jacke im Rucksack dabei haben.

Rundfunk

Man kann die Deutsche Welle (KW 25- und 31-m-Band) ab 18 bzw. 17 Uhr hören: Radio Luxemburg auf dem 49-m-Band (KW). Einheimische Sender sind Radio Corsica-International auf 91 und 95 MHz/FM, Cap Radio Corsica (aus Bastia) und Radio Calvi Citadelle in Calvi ebenfalls auf FM.

Sprache

Bis 1769 war Italienisch Amtssprache auf der Insel. So wurde das Korsische nie aufgezeichnet, nicht kodifiziert, überlebte aber in den Ortsnamen. Die Autonomisten, vor allem die CCN (Consulta di i cumitati naziunalisti), kämpfen seit langem für die Wiedereinführung der korsischen Sprache. Korsisch wird an den Schulen als Wahlfach angeboten. 1974 als Minderheitensprache anerkannt, wird es von 15 Prozent aller Schüler belegt. Außer Französisch sprechen viele Korsen auch Italienisch.
Sprachführer → S. 96/97

Telefon

Telefonkarten gibt es in allen Tabakläden und Postämtern. Wenn man von Hotels, Zeltplätzen oder Restaurants aus telefoniert, werden teilweise Aufschläge erhoben. Abgesehen von einigen einsamen Berggebieten funktionieren Mobiltelefone (D 1 und D 2) auf Korsika problemlos.
Vorwahlen
D, A, CH → F 0033
F → D 0049
F → A 0043
F → CH 0041

Verkehrsverbindungen

Mietwagen
An Flughäfen (Fly and Drive), Häfen und in allen größeren Städten bieten internationale und lokale Vermieter verschiedene Fahrzeugtypen an. Das Mieten von Wohnmobilen ist in Ajaccio möglich (www.set-camping-car.com).

Die **Tankstellen** befinden sich vorwiegend an der Küste und haben mittags und sonntags geschlossen. Auf den oft schwierigen Strecken ist defensives Fahren lebensnotwendig. Auf kurvigen Gebirgsstrecken sollte man außerdem immer ganz rechts fahren und vor uneinsehbaren Kurven hupen. Trotz einer allgemeinen Verbesserung des Straßenzustands und dem Ausbau neuer, zum Teil vierspuriger Streckenabschnitte muss doch mit einer relativ niedrigen Durchschnittsgeschwindigkeit gerechnet werden.

Die Höchstgeschwindigkeit beträgt 110 km/h, bei schlechter Sicht 100 km/h und in den Ortschaften 50 km/h. Seit 1988 gibt es besondere Geschwindigkeitsbegrenzungen in der Hauptreisezeit. Bei Übertretungen ist mit hohen Geldstrafen zu rechnen. Genaue Informationen in den Tourismusbüros.

Mit der Bahn
Die korsische Eisenbahngesellschaft **(Chemin de Fer de la Corse)** verkehrt zwischen Ajaccio und Bastia (Transversale) sowie – auf einer Nebenlinie – zwischen Ponte-Leccia und Calvi (Balagne-Strecke). Wegen der spektakulären Brücken- und Tunnelpassagen (vor allem auf der Strecke zwischen Corte und Vizzavona) gehört die Fahrt mit der **Micheline** zu den touristischen Attraktionen (→ MERIAN-Spezial, S. 56). Im Sommer sind die Waggons trotz der zusätzlichen Züge meist total überfüllt. (Sommer- wie Winter-)Fahrpläne sind bei den Verkehrsämtern oder an den größeren Bahnhöfen erhältlich.

Die wichtigsten Bahnhöfe:
Ajaccio (Tel. 04 95 23 11 03)
Bastia (Tel. 04 95 32 80 61)
Calvi (Tel. 04 95 65 00 61)

Corte (Tel. 04 95 46 00 97)
L'Ile Rousse (Tel. 04 95 60 00 50)

Mit dem Bus

Der Busverkehr liegt größtenteils in den Händen privater Firmen. Die Fahrpläne wechseln jedes Jahr und gelten immer nur saisonweise (16. Sept. bis 30. Juni und 1. Juli bis 15. Sept.). Achtung: In der Vor- und Nachsaison fahren die Busse meist nur ein- oder zweimal täglich, viele Busse verkehren außerdem nur werktags. Da die Fahrpläne an den Haltestellen nicht aushängen, muss man notfalls in den Bars nachfragen oder sich rechtzeitig in den Tourismusbüros erkundigen. Busse halten über Land auf ein Winkzeichen hin.

Fahrkarten erhält man an den Bahnhöfen und in den Bussen. Einige Hauptverbindungen:

Ajaccio – Propriano – Sartène – Porto-Vecchio – **Bonifacio** (Ollandini/Quilci, Tel. 04 95 21 06 30, werktags früh und abends)

Ajaccio – Vizzavona – Vivario – Venaco – Corte – Ponte-Leccia – Casamozza – **Bastia** (Eurocorse, Tel. 04 95 21 06 30, werktags früh und abends)

Bastia – Casamozza – Moriani – Ghisonaccio – **Porto-Vecchio** (Rapides Bleus, Tel. 04 95 31 03 79, tgl. früh und werktags abends)

Corte – Calacuccia – Evisa – **Porto** (Cars Mordiconi, Tel. 04 95 48 00 04, in der Hauptsaison morgens)

Zonza – Levie – Sartène – Propriano – **Ajaccio** (SARL, werktags sehr früh)

Zicavo – Guiters – **Ajaccio** (Santoni, Tel. 04 95 22 64 44, morgens)

Mit dem Flugzeug

Die Fluggesellschaften Corse Aero Service, Air Corse, Air Transport Méditerranée und Kyrnair bieten ganzjährig Flüge innerhalb Korsikas an.

Flughäfen:
Ajaccio (Tel. 04 95 23 56 56)
www.ajaccio.aeroport.fr
Bastia (Tel. 04 95 54 54 54)
www.bastia.aeroport.fr
Calvi (Tel. 04 95 65 88 88)
www.calvi.aeroport.fr
Figari (Tel. 04 95 71 10 10)
www.figari.aeroport.fr

Mit dem Fahrrad

In allen größeren Städten, häufig auch dort, wo Motorräder vermietet werden, kann man Fahrräder leihen.

Zeitungen

Vor rund 100 Jahren bereits versuchten die Korsen, ihre eigene Sprache auf einen literarischen Rang zu heben. Korsische Zeitschriften wie *Cirno*, *A Murvra*, *L'Annu Corsau* und *U Fucone* erschienen teilweise mit zweisprachigen Beiträgen.

Diese Tradition wird heute fortgesetzt mit den Blättern der Autonomisten wie *Arritti* (Auf!), *U Rimbombu* (Das Echo), der für die Selbstbestimmung kämpfenden Cuncolta naziunalista und der Wochenzeitschrift *Kyrn*, die seit Anfang 1988 wöchentlich erscheint und korsische und französische Beiträge abdruckt.

Zoll

Seit 1993 gibt es innerhalb der Binnengrenzen der EU keine Ein- und Ausfuhrbeschränkung mehr für Tabak, Alkohol etc. Es muss allerdings erkennbar sein, dass die Waren, die Sie mitführen, ausschließlich für den Privatgebrauch bestimmt sind. Sollten die Grenzbehörden den Verdacht haben, dass Sie mit den Waren handeln, werden Sie zur Versteuerung herangezogen. Für Schweizer gelten folgende Beschränkungen: 200 Zigaretten oder 100 Zigarillos oder 50 Zigarren oder 250 g Tabak, 1 l Spirituosen oder 2 l Likör und 2 l Wein, 50 g Parfüm oder 0,25 l Eau de Toilette.

Weitere Angaben und Informationen zu den Zollvorschriften erhalten Sie unter www.zoll.de, www.bmf.gv.at/zoll und www.ezv.admin.ch/index.html.

Kartenatlas

Orientierung leicht gemacht: mit Planquadraten und allen Orten und Sehenswürdigkeiten.

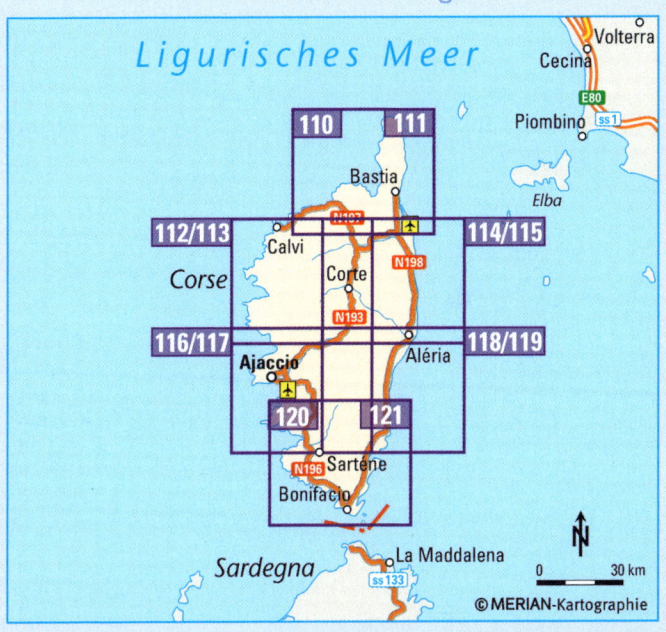

Legende

Routen und Touren
- Der wilde Westen (S. 86)
- Die Balagne - durch den Garten der Insel (S. 87)
- Wandern entlang der Westküste (S. 88)
- Von Küste zu Küste (S. 89)
- Korsika quer (S. 90)
- Mit der Micheline von Küste zu Küste (S. 56)

Sehenswürdigkeiten
- MERIAN-TopTen
- MERIAN-Tipp
- Sehenswürdigkeit, öffentl. Gebäude
- Sehenswürdigkeit Kultur
- Sehenswürdigkeit Natur

Sehenswürdigkeiten ff.
- Kirche; Kloster
- Schloss, Burg
- Museum
- Denkmal
- Leuchtturm; Windmühle
- Archäologische Stätte
- Höhle

Verkehr
- Autobahn
- Autobahnähnliche Straße
- Fernverkehrsstraße
- Hauptstraße
- Nebenstraße
- Unbefestigte Straße, Weg

Verkehr ff.
- Parkmöglichkeit
- Busbahnhof
- Bahnhof
- Schiffsanleger
- Flughafen
- Flugplatz

Sonstiges
- Information
- Theater
- Markt
- Golfplatz
- Aussichtspunkt
- Friedhof
- Naturparkgrenze

110

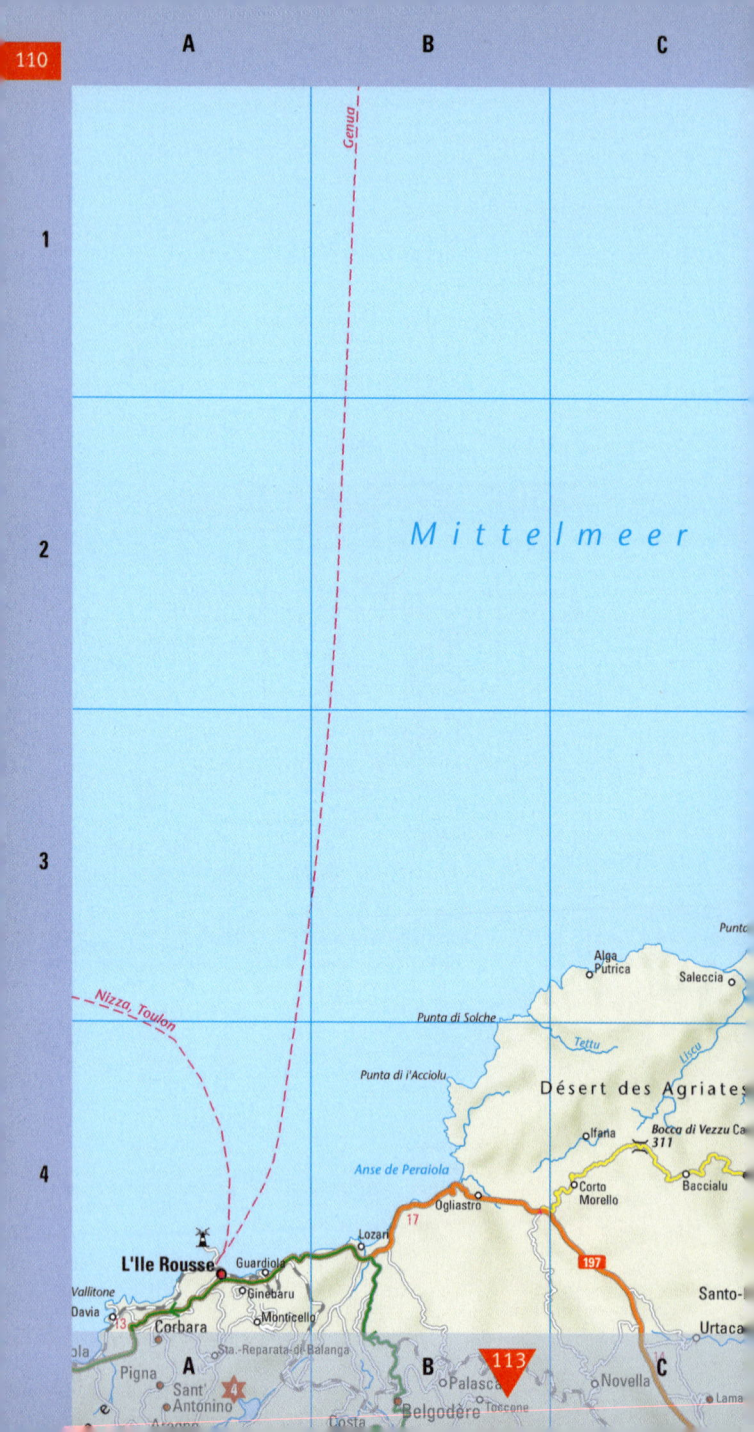

A B C

1

2

Mittelmeer

3

Genua

Nizza, Toulon

Punta
Alga
Putrica
Saleccia

Punta di Solche
Tettu
Liscu
Punta di l'Acciolu
Désert des Agriates
Ifana
Bocca di Vezzu Ca
311

4

Anse de Peraiola
Corto Morello
Baccialu
Ogliastro
17
L'Ile Rousse
Lozari
197
Guardiola
Ginebaru
Santo-
Vallitone
Monticello
Urtaca
Davia
13
Corbara
Sta.-Reparata-di-Balagna
Pigna
Sant'
Antonino
4
B 113 C
A
Palasca
Novella
Lama
Belgodère Toccone
Costa

A B C

D
E
F
1
2
3
4
Cap Corse
Point d'Agnello
Tour d'Agnello
Capo Grosso
Tollare
Barcaggio
Illes Finocchiarole
Poggio
Ersa
Botticella
Cannelle
Port de Centuri
Mute
Camera
Rogliano
Macinaggio
Quercioli
Bettolacce
Mandolacce
Stopione
Tomino
Baragogna
Morsiglia
Mucchieta
Marine de Méria
Pastina
Méria
Capu Corvoli
Marine de Scalo
Tour de Sénèque
Piazza
Campu
Pino
Fieno
Castello
Tufo
Santa Severa
Punta di Stintinu
Castiglione
Minerviu
Carbonacce
Porticciolo
Chiesa
Ortale
Monte Alticcione 1139
Ghilloni Suprana
Marine de Giottani
Conchigliu
Lapedina
Oreta
Marinca
Vignale
Pieve
Selmacce
Marine de Pietracorbara
Punta di Canelle
Canelle
Sisco
Moline
Crosciano
Marine de Sisco
Turrezza
Ogliastro
Lainosa
Albo
Monte Stello 1307
Silgaggia
Nonza
Erbalunga
Pozzo
Poretto
Olmeta-di-Capocorso
Lavasina
Negru
Voltojo
Partine
Mandriale
Miomo
Figarella
San-Martino-di-Lota
Grigione
Marine de Farinole
Bracolaccia
Pietranera
Farinole
Valle-de-Pietrabugno
Toga
Guaitella
Punta Mortella
Cardo
BASTIA
Toulon, Nizza, Marseille, Genua
Livorno, Piombino
Golfe de St-Florent
Patrimonio
Serra di Pigno 961
Santa Maria
Monserrato
Lupino
St-Florent
Ochinese
Montesoro
536
Col de Teghimo
Fromontica
Furiani
San Pancraziu
La Marana
Poggio-d'Oletta
Pineto
Les Collines
Nebbio
Ficabruna
Biguglia
Oletta
Casone
Casatorra
Cinquerue
Olmeta-di-Tuda
Pineto Village de Vacances
Numeru Quattru
Vezzi
Vallécalle
M. Musso
Pruneta
Ortale
Étang de Biguglia
San-Gavino-di-Tenda
Rapale
Purettone
San Michele
Rutali
Pieve
Murato
Rivinco
Borgo
Pinetu
80
193
114
0
6 km
N
© MERIAN-Kartographie

112

A | B | C

Mittelmeer

- Punta Marin
- Sant'Ambrogio
- Punta Spano
- Nizza, Toulon, Marseille
- La Revellata
- Golfe de Calvi
- Punta Bianca
- Grotte des Veaux Marins
- Notre-Dame-de-la-Serra
- CALVI
- Sugale
- Petra Malo
- Lur
- 197
- Montegro
- 9
- Aéroport de Calvi-Sainte-Catherine
- Carube
- Capo Cavallo
- Moncale
- Tarazone
- Suare
- Capu di a Mursetta
- San Quilcu
- Baie de Crovani
- L'Argentella
- Pieve
- Forêt Bonifa
- Punta di Ciuttone
- Mustella
- Golfe de Galéria
- Prezzuna
- Prezzuno
- Filosorm
- Narsulinu
- Galéria
- Anse d'Elpa Nera
- Calca
- Chiorna
- Tuvarelli
- Baie de Focolara
- Pirio
- Manso
- Punta Palazzo
- Baie d'Elbo
- Capu Lichta 639
- Barghiana
- Es
- Ile de Gargali
- Baie de Solana
- ②
- Girolata
- Golfe de Girolata
- Osani
- Quieu
- Partinello
- Capu Semino
- Gratelle
- Serriera
- Golfe de Miserinu
- Traghino
- Bussaglia
- Village
- Golfe de Porto
- Porto Marina
- Porto
- Fiumineli
- Gorges de Spelunca
- Punta di Ficajola
- Chidazzu
- Capu Rossu
- Vistale
- Piana
- Cariu
- 116
- Capu Riceiu 1131
- Balogna
- ②

D
E
F
110
L'Ile Rousse
Guardiola
Ogliastro
17
197
Ginebaru
Monticello
Corbara
Sta.-Reparata-di-Balanga
Pigna
Sant' Antonino
4
Aregno
Marcasso
Cateri
Le Fango
Palasca
Belgodère
Toccone
Novella
Santo-Pietro-di-Tenda
Pianello
Urtaca
14
Lama
6
5
Costa
Occhiatana
Ville-di-Paraso
Speloncato
Nessa
Pedanu
Pietralba
Cassano
Muro
Feliceto
Zilia
Ghiarghia
Pioggiola
Forcili
Olmi-Cappella
Vallica
Mausoléo
Piana
10
Santa Restituta
Tartagine
Pizze
Castifao
Borgo
Campretti
Moltifao
Mulivecchi
Ponte Rosso
Ponte Le
Gorges de l'Asco
Le Vieux Pont
10
6
Asco
Piedigriggio
Popolasca
Prato-di-Giovellina
Castiglione
193
Stranciacone
5
114
Haut Asco
Ponte Castirla
Omess
Monte Cinto 2706
Scala di S. Regina
Castirla
Le Niolo
Corscia
Pantanacce
7
Tra
Lozzi
Petra-Zitamboli
Poggio
Calacuccia
Sidossi
Albertacce
Casamaccioli
Santa-Lucia-di-Mercurio
Santa Mariana
CORTE
Maison du Parc
San Giovanni
Gorges du Tavignano
Botru
200
Tavignano
Frascaju
de Vergio 1477
Forêt Domaniale de Valdu-Niellu
Restonica
9
Gorges de la Restonica
Casanova
12
15
Santo-Pietro-di-Venaco
Rivento
Venaco
8
10
Serraggio
Bergerie de Grottelle
Monte Rotondo 2622
Lavu Bellebone
Cristinacce
193
oggio
Viaduc du Vecchiu
10
117
Soccia
Poggiolo
Orto
Guagno
Guagno-les-Bains
D
E
0
6 km
N
© MERIAN-Kartographie
Tattone

114
110
197
A
B
C
Santo-Pietro-di-Tenda
Olmeta-di-Tuda
Vezzi
Pianello
Vallécalle
Pruneta
Rapale
San-Gavino-di-Tenda
Sorio
Pieve
San Michele
Murato
Urtaca
Palasca
Novella
Belgodère
Toccone
Occhiatana
Lama
6
14
9
Pedanu
Pietralba
Bigorno
Volpajola
Lento
Campitello
193
Barchet
Cannaja
Olmi-Cappella
Vallica
Piana
10
Canavaggia
Campile
Pizze
Costa Roda
Tartagine
Castifao
Ponte Novu
Bisinchi
Borgo
Campretti
Ponte Rosso
Moltifao
Mulivecchi
Crocicchia
Gorges de l'Asco
Le Vieux Pont
Ponte Leccia
Valle-di-Rostino
Pianelli
Giocatojo
Casa Pitti
Asco
Piedigriggio
Morosaglia
Quercitello
Castineta
San Petru d'Accia
Popolasca
Casaluna
Prato-di-Giovellina
Gavignano
Castiglione
193
Saliceto
Aiti
Borgo
5
24
Casanova
Francardo
San Lorenzo
Lano
113
Ponte Castirla
Erone
Pie-d'Orezza
Piedipa
Omessa
Cambia
Scala di S. Regina
Castirla
Rusio
Carticasi
Tralonca
Bozio
Corscia
Pantanacce
Bustanico
Lozzi
Santa-Lucia-di-Mercurio
Sermano
11
Poggio
Calacuccia
Mazzo
Santa Mariana
Castellare-di-Mercurio
Alando
Alzi
Rebbia
Sidossi
CORTE
Favalello
Piediliaco
Arbitro
Casamaccioli
Maison du Parc
8
San Giovanni
Gorges du Tavignano
Botru
Feo
200
Tavignano
Restonica
9
12
15
Erbajolo
Gorges de la Restonica
Casanova
Poggio-di-Venaco
Focicchia
Costini
Altiani
Santo-Pietro-di-Venaco
Riventosa
Amallio
Lugo
Venaco
St.-Jean
F. Tavignano
Serraggio
Bergerie de Grottelle
12
Monte Rotondo 2622
Lavu Bellebone
193
Noceta
Rospigliani
10
Viaduc du Vecchiu
Vezzani
Muracciole
Pietroso
Canaglia
Saparelle
Tattone
118
Tagnone
21
Agnatellu
Foret Domaniale de Vizzavona
Monacu
Chiusa
Cruzini

D
E
F
111
9
10
11
12
Étang de Biguglia
Purettone
Ortale
La Marane
Rivinco
Aéroport de Bastia-Poretta
Borgo
Pinetu
Crocetta
La Canonica
Casa Nostra
Casamozza
San Giustu
Camp du Cap Sud
Finocchietto
Prunelli-di-Casacconi
Arena
Vescovato
Marina di Sorbo
Querciolo
Venzolasca
Sorbo-Ocagnano
Anghione
Monte
Penta-di-Casinca
Castellare-di-Casinca
Acquatella
Campo d'Arietto
San Pellegrinu
Porri
Folelli
Piano
Silvareccio
Terre Rosse
Casalta
Taglio
Marinaccio
Figareto
Scata
Talasani
Renoso
198
San Damiano
Carbonaccia
Poggio Mezzana
15
Piazzole
San-Giovanni-di-Moriani
Moriani-Plage
S.-Lucia-di-Moriana
Padullela
Monacia-d'Ore
Rapaggio
San Nicolao
Parata
Cascade de Lecelluline
Vanga di l'oru
Forci
Carpineto
Felce
Tarrano
Piobetta
Valle-di-Campoloro
Cervione
Port de Campoloro
Prunete
Valle-d'Alesani
Ortale
Perelli
Piazzali
S.-Andrea-di-Cotone
Novale
Pietra-di-Verde
Chiatra
20
Canale-di-Verde
Matra
Moïta
Campi
Pietrera
Vallacciola
Linguizzetta
Zalana
Tox
Velfasca
Bravone
Spazzola
Talafredu
A Giustiniana
Tallone
Pancheraccia
Cursigliese
Pianiccia
Casamozza
Marine de Bravone
Dentaccio
Furnelli
Fagu
198
Riva Bella
Casabertola
Étang de Terrenzana
Pedi-Vassalu
Linarellu
Frassiccia
13
Muniglia
Terravecchia
Casevecchie
200
Pedi Bernardu
Campo al Quarcio
119
Étang de Diane
Teppa
Caterragio
Ancien Thermes Romaines
Reservoir de Teppe Rosse
Calviani
Fort de Matra
Aléria
0
6 km
© MERIAN-Kartographie

Capu Rossu
A
B
C
Piana
112
2
Cariu
Revinda
Capu Riceiu
1131
Balogna
Vico
Nesa
Golfe de Topiti
Punta d'Orchinu
Golfe di Chiuni
Village de Vacances
Lozzi
Appricia
Arbori
13
Marchese
Rondulinu
Tour Genoise
Punta d'Omigna
Frimacajola
Golfe de Peru
Cargèse
Grotte de
Molendinu
Cerasa
Cruciate
Coggia
Plein
Soleil
Porto
Monaghi
Sagone
Vedolaccia
Esigna
Anse de
Sagone
Le Village de Penisola
Pta. San Giuseppe
F. Liamone
Ambiegna
Lazzo
Golfe
de Sagone
Punta Capigliolo
Tiuccia
Golfu di a Liscia
La Liscia
14
Ancone
Orcino
Mittelmeer
Marina di Pévani
Calcatoggio
Pévani
U Sardellu
Résidences du
Golfe de Lava
Carbinica
Listinco
Punta Pelusella
Pichio
Golfu di Lava
Alata
Scaglioli
Tuscia
Pruno
Capo di Feno
Château
de la Punta
Villanova
Mezzavia
Pratti
Le Finosello
Les Milelli
15
Castellucio
Pisinale
Les Cannes
Anse de
Minaccia
Capigliolo
Grotte Napoléon
Chapelle des Grecs
AJACCIO
Scudo
3
7
Pointe de la Parata
Tour de la Parata
Golfe
d'Ajaccio
Iles
Sanguinaires
8
Toulon, Nizza, Marseille
Punta di Sette Nave
16
Punta di a Castagna
A Colombara
La
Castagna
Stefanaccia
Acqua Doria
Punta Guardiola
A
B
C

113
117
118
120
D
E
F
13
14
15
16
193
196
22
24
21
11
15
10
5
7
Lavu Bellebone
Viaduc du Vecchiu
Poggio
Chimiglia
St-Martin
Soccia
Orto
Poggiolo
Guagno
Guagno-les-Bains
Murzo
Canaglia
Tattone
Forêt Domaniale de Vizzavona
Vizzavona
Ghigliazza
Chiusa
Pastricciola
Frassetu
Spelonca
Cruzini
Rosazia
Salice
Azzana
Vignamajo
Col de Vizzavona
1163
a Face
Rodone
Pruniccia
Bigliani
Lopigna
Gravona
Bocognano
Fontaine
Poggiola
Taggia
Taveta
Cascade du Voile de la Mariée
Monte Renoso
2352
Le Pont d'Ucciani
Vera
Sari-d'Orcino
Suaricchio
Costeglia
Ucciani
Carbuccia
Tavaco
Piascu
Albitrone
Carcopino
Rocher de Calanca
Gravone
F. Prunelli
Cascade d'Aziana
Bastelica
Peri
Castellucciu
Pratu Tondu
Cuttoli-Corticchiato
Tolla
Gorges du Prunelli
Palneca
Ese
Pedi Morella
Lac de Tolla
Ciamannacce
Ponte Bonellu
Ocana
Tasso
Sampolo
Colombina
Vignola
Giovicacce
Cozzano
Bottacina
Gigliu
Guitera-les-Bains
U Vergaju
Gagile
Arghiaccia
Eccica
Radicale
Zicavo
Suarella
Bains de Guitera
Suralta
Cauro
Forcala
Mutuleju
Quasquara
Frasseto
Ariola
Pisciatello
Corrano
Campo
Fica
Santa Maria
Siché
Résidence du Golfe d'Ajaccio
Monte Rosso
Grosseto-Prugna
Ampaza
Azilone
Cardo-Torgia
Albitreccia
Forciolo
Olivese
Molini
Torgia
Zigliara
Bisinao
Guarguale
Urbalacone
Fozzaninco
Pietrosella
Cognocoli-Monticchi
Les Bains de Taccana
Moriccio
Argiusta-Moriccio
Marato
Acelasca
Pila-Canale
Ponte Vecchiu
Moca
Acqua Grossa
Croce
San Giorgio
Lavu Donacu
Jallicu
Bicchisano
Manfarellu
Petreto
Gradello
Aullène
Castellucciu
Penta
Calzola
Vangone
Zérubia
Sorbollano
Pratavone
Casalabriva
Furellu
Stiliccione
Tassinca
Filitosa
Sollacaro
Pietra Rossa
Costa
San Gavino-di-Carbini
Castellu di Cucuruzzu
Martini
Loreta-di-
Zoza
0
6 km
N
©MERIAN-Kartographie

Bergerie de Grottelle
Monte Rotondo 2622
Lavu Bellebone
A
B
C
Serraggio
193
114
Noceta
Rospigliani
Viaduc du Vecchiu
Vezzani
Muracciole
Pietroso
Canaglia
Saparelle
Tagnone
Tattone
21
Agnatellu
Monacu
10
Forêt Domaniale de Vizzavona
Vizzavona
Agheri
Chiusa
Pastricciola
Frassetu
Spelonca
Cruzini
Bergeries de Pezzu
Col de Vizzavona 1163
L
a Face
Ghisoni
Sampolu
Pinzafone
Vignamajo
17
Gravona
Cavu
Bocognano
Poggiola
Fontaine
22
Taveta
Cascade du Voile de la Mariée
Monte Renoso 2352
Altana
Le Pont d'Ucciani
5
Ajola
18
Ucciani
Carbuccia
Col de Verde 1289
Gravone
Isolaccio-di-Fiumorbo
Rocher de Calanca
F. Prunelli
Bruschiccia
Cascade d'Aziana
Bastelica
San-Gavino-di-Fiumorbo
Ania
117
Ese
Palneca
Scrivanu
Tolla
Sardegna
Gorges du Prunelli
Lac de Tolla
Ciamannacce
Tasso
Sampolo
Chisa
Vignola
Cozzano
Bergeries de Purcaricciola
Bura
19
Giovicacce
U Vergaju
Radicale
Guitera-les-Bains
Zicavo
Bains de Guitera
Quasquara
Ariola
Frasseto
196
Campo
Corrano
Santa Maria
Siché
Grosseto-Prugna
Ampaza
Cardo-Torgia
Azilone
Albitreccia
Forciolo
Olivese
Monte Incudine 2134
Torgia
Zigliara
Bergeries de Chiralbella
Urbalacone
Aiguilles de Bavella
20
Fozzaninco
Bucchinera
Les Bains de Taccana
15
Moriccio
Argiusta-Moriccio
Village de Bavella
Pila-Canale
Ponte Vecchiu
Moca
Col de Bavella 1218
Acqua Grossa
Croce
Cantoli
Prugna
San Giorgio
Lavu Donacu
Jallicu
Vandollaccio
Manfarellu
Bicchisano
Petreto
Aullène
Penta
Castellucciu
Quenza
Vangone
Zonza
Zérubia
Sorbollano
Casalabriva
18
Paccionitoli

115
D
E
F
17
18
19
20
Fagu
Furnelli
Dentaccio
Casabertola
Pedi-Vassalu
Frassiccia
Linarellu
Muniglia
Casevecchie
Campo al Quarcio
Riva Bella
Étang de Terrenzana
Terravecchia
Étang de Diane
Pedi Bernardu
Caterragio
Ancien Thermes Romaines
Calviani
Fort de Matra
Aléria
Casabianda
Teppa
Reservoir de Teppe Rosse
Aghione
Maison Kerguen
Samuletu
Reservoir d'Alzitone
Vadina
Penitencier de Casabianda
Village de Vacances
Aristone
Étang d'Urbino
Ancatorta
Cardicciosa
Valcaccia
Stollu
Ghisonaccia
Tour de Vignale
Abbazia
Morta
Agnatellu
Calzarellu
Sualellu
Casamozza
Étang de Gradugine
Serra-di-Fiumorbo
Battellu
Cutticciu
Plage de Quercioni
Mignataja
Vix
Agavezza
Étang de Palu
Ventiseri
Cité de l'Air
Aérodrome de Solenzara
Travo
Tovisanu
Arinella
Pielza
Punta
Marine de Solaro
Tyrrhenisches Meer
Marina di Scaffa Rossa
Solenzara
Togna
San Quillico
Cala d'Oru
Sari-Solenzara
Cannella
Favone
Tarcu
Saparellu
Vignola
Conca
Livesani
Fautea
Punta di Fautea
0
6 km
N
© MERIAN-Kartographie

A
B
C
21
22
23
24
117
Cruciata
Pietrosella
Cognocoli-Monticchi
Les Bains de Taccana
Moriccio
Le Ruppione
Acelasca
Anse Ottioni
Marato
Pila-Canale
Ponte Vecchiu
Moca
Argiusta-Moric
Croce
Acqua G
San Giorgio
Bicchisano
Petreto
Verghia
Pozzaccio
Gradello
Manfarellu
Penta
Calzola
Campestra
Coti-Chiavari
Cardo
Pratavone
Casalabriva
Zérubia
Furellu
Stiliccione
Calvese
18
Tassinca
Filitosa
Sollacaro
Costa
Cargiac
Pilusella
Pietra Rossa
Martini
Loreta-di-Tallano
Baie de Cupabia
Favalella
196
Serra-di-Ferro
Olmeto
Burgo
Santa Maria
Sainte-Lucie-de-Tallano
Porto Pollo
Plage du Taravo
Canne
Fozzano
Olmiccia
Abbartello
Cipiniellu
Punta di Porto Pollo
Capicciolo
Vetricella
Viggianello
Arbellara
Marseille, Nizza, Toulon
Bartaccia
Propriano
Vetaro
Golfe de Valinco
Santa Julia
Acoravo
Chia
Porto Torres (Sardinien)
Rizzanese
Granace
Orio
Jumenta Grossa
Saparella
Forconcello
Bilze
Punta di Campomoro
Portigliolo
14
Calanova
Tivolaggio
Foca de Billa
Foce
Campomoro
Belvédère
Billa
SARTÈNE
Piano
Torre di Campmore
Grossa
Punta di Morto Marino
609
Grar
Cacciabello
Punta d'Eccica
Giuncheto
Picciocana
Taravo
L'Ortolo
Orasi
Capannella
Gianuccio
Nargo
28
Bonifazinca
Capu di Senetosa
Pagliaju Suttanu
Pero Longo
Tizzano
Golfe de Tizzano
Mégalithes de Cauria
Serragia
Mona d'Aull
Capu di Zivia
Golfe de Murtoli
Punta di Valanincu
429
Roccapina
Golfe de Roccapina
Rocher du Lion
Capu di Roccapina
Pta. di Caniscione
Iles Bruzzi
Mittelmeer

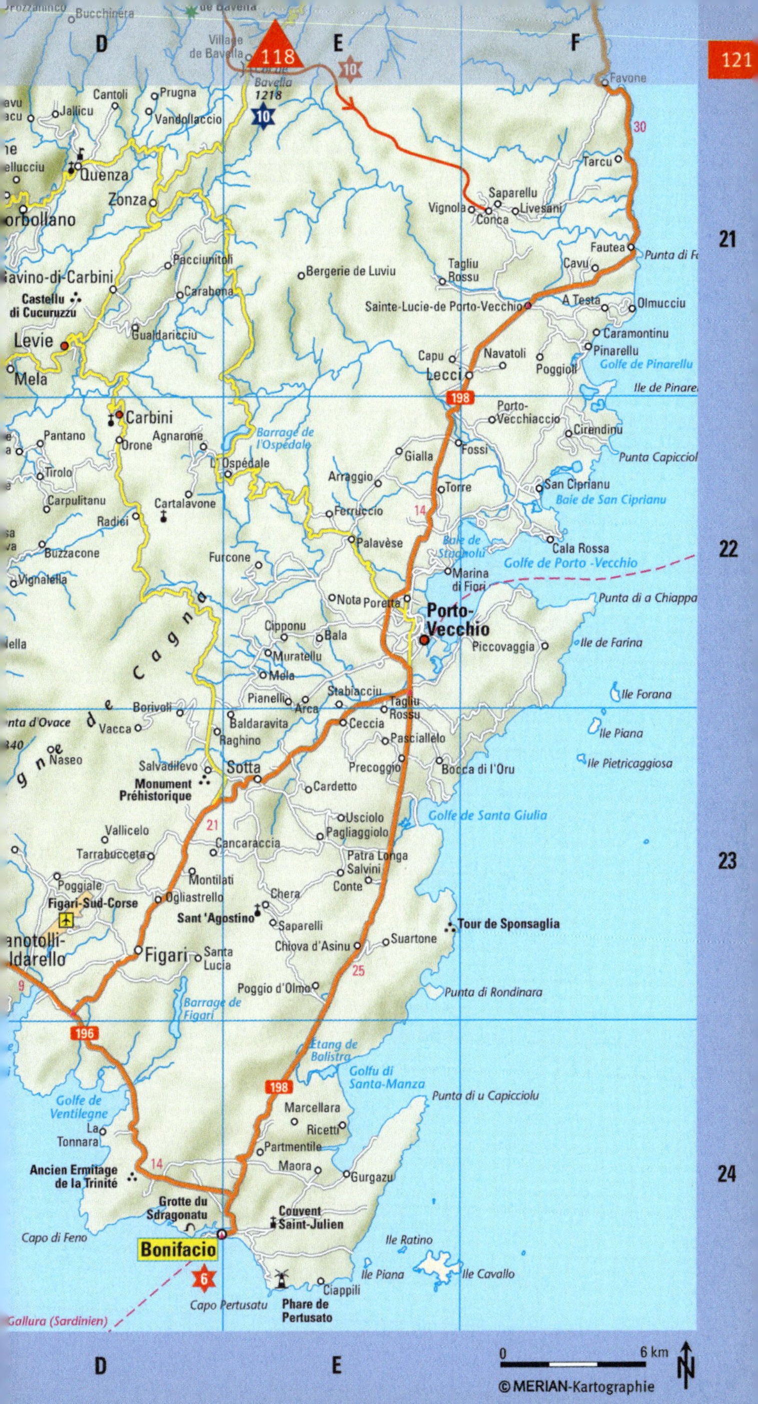

D
E
F
118
10
Village de Bavella
Col de Bavella 1218
Bucchinera
Favone
30
Cantoli
Prugna
Jallicu
Vandollaccio
Quenza
Zonza
Tarcu
Saparellu
Vignola
Conca
Livesani
Fautea
Punta di Fautea
Cavu
Pacciunitoli
Bergerie de Luviu
Tagliu Rossu
Carabona
Castellu di Cucuruzzu
Levie
Mela
Gualdariccu
Sainte-Lucie-de Porto-Vecchio
A Testa
Olmucciu
Caramontinu
Pinarellu
Golfe de Pinarellu
Capu
Navatoli
Poggioli
Lecci
198
Ile de Pinarellu
Carbini
Pantano
Orone
Agnarone
Barrage de l'Ospédale
Porto-Vecchiaccio
Cirendinu
Fossi
Gialla
Punta Capicciola
L'Ospédale
Tirolo
Arraggio
Torre
San Ciprianu
Baie de San Ciprianu
Carpulitanu
Cartalavone
Radici
Ferruccio
14
Palavèse
Baie de Stagnolu
Cala Rossa
Golfe de Porto-Vecchio
Buzzacone
Furcone
Marina di Fiori
Vignalella
Nota
Poretta
Porto-Vecchio
Punta di a Chiappa
Cipponu
Bala
Piccovaggia
Ile de Farina
Muratellu
Mela
Montagne de Cagna
Pianella
Arca
Stabiacciu
Tagliu Rossu
Ile Forana
Borivoli
Vacca
Baldaravita
Ceccia
Ile Piana
Raghino
Pasciallello
Naseo
Salvadilevo
Sotta
Precoggio
Bocca di l'Oru
Ile Pietricaggiosa
Monument Préhistorique
Cardetto
Usciolo
Golfe de Santa Giulia
Vallicelo
21
Pagliaggiolo
Tarrabucceta
Cancaraccia
Patra Longa
Salvini
Montilati
Conte
Poggiale
Figari-Sud-Corse
Ogliastrello
Chera
Sant'Agostino
Saparelli
Tour de Sponsaglia
Chiova d'Asinu
Suartone
Figari
Santa Lucia
25
Poggio d'Olmo
Punta di Rondinara
Barrage de Figari
9
196
Etang de Balistra
Golfu di Santa-Manza
198
Punta di u Capicciolu
Golfe de Ventilegne
Marcellara
Ricetti
La Tonnara
Partmentile
Maora
14
Ancien Ermitage de la Trinité
Gurgazu
Grotte du Sdragonatu
Couvent Saint-Julien
Capo di Feno
Bonifacio
Ile Ratino
Ile Piana
Ile Cavallo
6
Capo Pertusatu
Phare de Pertusato
Ciappili
Gallura (Sardinien)
21
22
23
24
D
E
0
6 km
N

122 Kartenregister

A
A Colombara 116, C16
A Giustiniana 115, E12
A Testa 121, F21
Abbartello 120, A22
Abbazia 119, D18
Acelasca 117, D16
Acorvo 120, C22
Acqua Grossa 117, F16
Afa 117, D14
Agavezza 119, D19
Agheri 118, C17
Aghione 119, D17
Agnarelli 117, D16
Agnarone 121, D22
Agnatelli 118, C17
Agnatelli 119, D18
Aiti 114, B10
Ajaccio 116, C14
Ajola 118, C18
Alando 114, C11
Alata 116, C15
Albertace 113, E7
Albitreccia 117, E16
Albitreto 117, D14
Albo 111, D2
Alèria 119, E17
Alga Putrica 110, C3
Algajola 112, C5
Altagène 120, C21
Altana 118, C18
Altiani 114, C12
Alzi 114, C11
Amallio 114, B12
Ambiegna 116, C14
Ampaza 117, E15
Ampriani 115, D12
Ancatorta 119, D18
Ancone 116, C14
Anghione 115, E9
Ania 118, C18
Antisanti 115, D12
Appieto 116, C14
Appriciani 116, C13
Arbellara 120, C23
Arbori 116, C13
Arca 121, E22
Aregno 113, D5
Arena 115, D9
Arggiavara 118, C20
Arghiaccia 117, D15
Argiusta-Moriccio 117, F16
Arinella 119, D19
Ariola 117, F15
Aristone 119, D18
Arraggio 121, E22
Arro 117, E14
Asco 113, E6
Aspretto 116, C15
Aullène 117, F16
Avapessa 113, D5
Azilone 117, F15
Azzana 117, D13

B
Baccialu 110, C4
Bains de Guitera 117, F15
Bala 121, E22
Baldaravita 121, E23
Baleone 117, D15
Balogna 116, C13
Baragogna 111, D1
Barcaggio 111, E1
Barchetta 114, C9
Barghiana 112, C7
Bartaccia 120, B22
Bartolacciu 110, C4
Bastelica 117, F14
Bastia 111, E3
Battellu 119, D19
Belgodère 113, E5
Belvédère 120, B22
Bergerie de Grottelle 113, E8
Bergerie de Luviu 121, E21
Bergerie de Parbella 118, B20
Bergeries de Pezzu 118, B17
Bergeries de Purcaricciola 118, C19
Bettolacce 111, E1
Bicchisano 117, E16
Bigliani 117, D13
Bigorno 114, C9
Biguglia 111, E4
Billa 120, B22
Bilzese 120, C22
Bisene 121, D22
Bisinao 117, D16
Bisinchi 114, C9
Bocca di l'Oru 121, E23
Bocognano 117, F13
Bonifacio 121, D24
Bonifazinca 120, B23
Borgo 113, F6
Borgo 114, C10
Borgo 115, D9
Borivoli 121, D23
Botru 113, F7
Bottaccina 117, D15
Botticella 111, E1
Braccialaccia 111, E3
Bruschiccia 118, C18
Bucchinera 118, B20
Bura 118, C19
Burgo 120, C21
Bussaglia 112, B8
Bustanico 114, C11
Buzzacone 121, D22

C
Cacciabello 120, B22
Cala d'Oru 119, D20
Cala Rossa 121, F22
Calacuccia 113, E7
Calanova 120, A22
Calcatoggio 116, C14
Caldarello 121, D23
Calenzana 112, C6
Calvese 120, B21
Calvi 112, C5
Calviani 119, E17
Cambia 114, C12
Camera 111, D1
Camp du Cap Sud 115, E9
Campana 114, C10
Campestra 116, C16
Campi 115, D11
Campile 114, C9
Campitello 114, C9
Campo al Quarcio 119, D17
Campo d'Arietto 115, E10
Campomoro 120, A22
Campretti 113, F6
Campu 111, E2
Canagia 117, F13
Canale-di-Verde 115, E11
Canavaggia 114, C9
Cancaraccia 121, D23
Caneile 111, D2
Cannaja 114, C9
Canne 120, B21
Cannelle 119, D20
Cannelle 111, D1
Cannelle 114, C10
Cannelle 117, D14
Cantoli 118, B20
Capannella 120, C23
Capicciolo 120, B22
Capigliolo 116, B15
Capu 121, E21
Carabona 121, D21
Caramontinu 121, F21
Carbini 121, D22
Carbinica 116, C14
Carbonacce 111, E2
Carbonaccia 115, D10
Carbuccia 117, E14

Carcheto Brustico 115, D11
Cardetto 121, E23
Cardicciosa 119, D18
Cardo 111, E3
Cardo 120, A21
Cardo-Torgia 117, E15
Cargèse 116, B13
Cargiaca 120, C21
Cariu 116, B13
Carpineto 115, D11
Carpulitanu 121, D22
Cartalavone 121, D22
Carticasi 114, C11
Carube 112, C5
Casa Nostra 115, D9
Casa Nova 121, D22
Casa Pitti 114, C10
Casabertola 115, D12
Casabianca 114, C10
Casabianda 119, E17
Casaglione 116, C14
Casalabriva 120, B21
Casalta 115, D10
Casamaccioli 113, E7
Casamozza 115, D9
Casamozza 115, E12
Casamozza 119, D18
Casanova 113, F8
Casanova 114, C10
Casatorra 111, E4
Casevecchie 119, D17
Cassano 113, D5
Casta 110, C4
Castagna 116, C14
Castellare-di-Casinca 115, D10
Castellare-di-Mercurio 114, C11
Castelli 113, E2
Castelluccio 117, D14
Castelluccio 117, F16
Castelucio 116, C15
Castifao 113, F6
Castiglione 111, E2
Castiglione 113, F6
Castinete 114, C10
Castirla 113, F7
Cateri 113, D5
Caterraggio 119, E17
Cauro 117, E15
Cavu 118, B17
Cavu 121, F21
Ceccia 121, E23
Cerasa 116, C13
Cervione 115, E11
Chera 121, E23
Chialza 120, C22
Chiatra 115, E11
Chidazzu 112, C8
Chiesa 111, D2
Chimiglia 113, D8
Chiorna 112, C7
Chiova d'Asinu 121, E23
Chisa 118, C19
Chiusa 117, E13
Ciamannacce 118, B19
Ciappili 121, E24
Cinquerue 111, E4
Cipinellu 120, B22
Cipponi 121, D23
Cirendinu 121, F22
Cité de l'Air 119, D19
Coggia 116, C13
Cognocoli-Monticchi 117, E16
Colombina 117, D15
Conca 121, F21

Conchiglu 111, D2
Conte 121, E23
Corbara 113, D5
Corrano 117, F15
Corscia 113, E7
Corte 113, F7
Corto Morello 110, C4
Costa 113, E5
Costa 120, C21
Costa Roda 114, C9
Costeglia 117, E14
Costini 114, C10
Coti-Chiavari 117, D16
Cozzano 118, B19
Cristinace 113, D8
Croce 117, F16
Crocetta 115, D9
Crociccchia 114, C10
Crosciano 111, E2
Cruciata 117, D16
Cruciate 116, C13
Curzu 112, B8
Cutticciu 119, D18
Cuttoli-Corticchoto 117, E14

D
D'Ucciani 117, E14
Dentaccio 115, D12
Dicceppi 119, D19

E
Eccica 117, E15
Erbajolo 114, C11
Erbalunga 111, F3
Erone 114, C10
Ersa 111, D1
Evisa 112, C8

F
Fagu 115, D12
Farinole 111, E3
Fautea 121, F21
Favalella 120, A21
Favalello 114, C10
Favone 119, D20
Felce 115, D11
Feliceto 113, D5
Feo 114, C11
Ferruccio 121, E22
Fiascu 117, D14
Fica 117, D15
Ficabruna 111, E4
Ficaja 114, C10
Fieno 111, E2
Figarella 111, E3
Figareto 115, E10
Figari 121, D23
Filitosa 120, B21
Finocchietto 115, D9
Fiuminale 112, C8
Foca di Billa 120, B22
Foce di Mela 121, D22
Focicchia 114, C12
Folelli 115, E10
Fontana 115, D9
Fontanone 115, D9
Forcala 117, D15
Forci 115, D11
Forcili 113, E5
Forciolo 117, E16
Forconcello 120, C22
Fossi 121, E22
Fozzaninco 117, F16
Fozzano 120, C21
Francardo 114, B10
Frascaju 113, D8
Frasseto 117, F15
Frasseto 117, E13
Frassiccia 115, D12
Frimacjola 116, B13
Fromontia 111, D4
Furcone 121, E22
Furelu 120, A21
Furiani 111, E4
Furnelli 115, D12

G
Gagile 117, D15
Galéria 112, B7

Gavignano 114, C10
Ghiarghia 113, D5
Ghigliazza 117, E13
Ghilloni Suprana 111, E2
Ghisonaccia 119, D18
Ghisonascia Gare 119, D18
Ghisoni 118, D19
Giacumettu 119, D19
Gialla 121, E22
Gianuccio 120, C23
Ginebaru 110, A4
Giocatojo 114, C10
Giovicacce 117, F15
Girolata 112, B7
Giuncaggio 115, D12
Giuncheto 120, C23
Gradello 117, D16
Granace 120, C22
Granajola 120, C22
Gratele 112, B8
Grigione 111, E3
Grossa 120, B22
Grosseto-Prugna 117, E15
Guagno 117, E13
Guagno-les-Bains 117, D13
Gualtella 111, E3
Gualdariccu 121, E22
Guardiola 110, A4
Guarguale 117, E16
Guitera-les-Bains 117, F15
Gurgazu 121, E24

H
Haut Asco 113, D7

I
Ifana 110, C4
Isolaccio-di-Fiumorbo 118, C18
Isolella 116, C16

J
Jallicu 118, B20
Jumenta Grossa 120, B22

L
L'Argentella 112, B6
L'Île Rousse 110, A4
L'Ospédale 121, E22
La 116, C16
La Face 117, F13
La Liscia 116, C14
La Marana 111, E4
La Marane 115, E9
La Tonnara 121, D24
Lainosa 111, E2
Lama 113, F5
Lano 114, B10
Lapedina 111, E2
Lavasina 111, E3
Lavatoggio 113, D5
Lavu Donacu 117, F16
Lazzo 116, C14
Le Fango 113, D5
Le Finosello 116, C15
Le Pont 117, E14
Le Ruppione 117, D16
Le Vieux Pont 113, F6
Le Village de Penisola 116, C14
Lecci 121, E23
Lento 114, C9
Les Bains de Taccana 117, E16
Les Cannes 116, C15
Les Collines 111, E4
Les Hameaux de Porticcio 117, D16
Letia 117, D13

Letto Majo 119, D17
Levie 121, D21
Linarellu 115, D12
Linguizzetta 115, E11
Listincone 116, C14
Livesani 121, F21
Lopigna 117, D13
Loreta-di-Tallano 120, C21
Loreto-di-Casinca 115, D9
Lozari 113, E5
Lozzi 113, E7
Lozzi 116, B13
Lucciana 115, D9
Lugo 114, B12
Lugo-di-Nazza 118, C18
Lumio 112, C5
Lughignano 113, D5
Lupino 111, E4

M
M. Musso 111, F4
Macinaggio 111, E1
Maison du Parc 113, F7
Maison Kerguen 119, D17
Mandolacce 111, E1
Mandriale 111, E3
Mandriolo 117, D14
Manfarelli 117, E16
Manso 112, C7
Maora 111, E1
Marato 117, D16
Marcellara 121, E24
Marchese 116, B13
Marignana 112, C8
Marina di Fiori 121, E22
Marina di Pèvani 116, C14
Marina di Scaffa Rossa 119, D19
Marina di Sorbo 115, E9
Marina Viva 117, D16
Marinca 111, D2
Marine de Bravone 115, E12
Marine de Davia 110, A4
Marine de Farinole 111, D3
Marine de Giottani 111, D2
Marine de Méria 111, E1
Marine de Pietracorbara 111, E2
Marine de Sant' Ambrogio 112, C5
Marine de Scalo 111, D2
Marine de Sisco 111, F2
Marine de Solaro 119, D19
Martini 120, C21
Matra 115, D11
Mausoléo 113, E5
Mazzola 114, C11
Mela 121, D21
Mela 121, E22
Mercolaccia 116, C13
Méria 111, E1
Mezzavia 116, C15
Mignataja 119, D18
Minerviu 111, D2
Miomo 111, E3
Moca 117, F16
Moïta 115, D11
Moline 111, D1
Molini 117, D15
Moltifao 113, F6
Monacia-d'Aullène 120, C23
Monacia-d'Ore 115, D10
Monacu 111, E2
Moncale 112, C6
Monserato 111, E4

Kartenregister

Monte 115, D10
Monte Estremo 112, C7
Monte Rosso 117, D15
Montemaggiore 113, D5
Monterosso 111, E4
Monticello 110, A4
Montilati 121, D23
Moriani-Plage 115, E10
Moriccio 117, F16
Morosaglia 114, C10
Morsiglia 111, D1
Morta 119, D18
Mucchieta 111, D1
Mulivecchi 113, F6
Muniglia 115, D12
Muracciole 114, B12
Muratellu 121, E22
Murato 114, C9
Murciconi 118, C18
Muro 113, D5
Murzo 117, D13
Mustella 112, C6
Mute 111, D1
Mutuleju 117, D15

N
Nargo 120, B23
Naseo 121, D23
Navatoli 121, F21
Negru 111, D3
Nesa 116, C13
Nessa 113, D5
Nivischio 114, C12
Nocario 114, C10
Noceta 114, B10
Nonza 111, D3
Nota 121, E22
Novale 115, D11
Novella 113, F5
Numeru 111, E4

O
Ocana 117, E15
Occhiatana 113, E5
Ochinese 111, D4
Ogliastrello 121, D23
Ogliastro 110, B4
Ogliastrone 117, D15
Oletta 111, E4
Olivese 117, F16
Olmeta-di-Capocorso 111, E3
Olmeta-di-Tuda 111, E4
Olmeto 120, B21
Olmi-Cappella 113, E5
Olmiccia 120, C21
Olmo 115, D9
Olmucciu 121, F21
Omessa 114, B11
Orasi 120, C23
Orcino 116, C14
Oreta 111, E2
Orto 120, C22
Orone 121, D22
Ortale 111, E2
Ortale 111, E4
Ortale 115, D17
Orto 117, D13
Osani 112, C4
Ota 112, C8

P
Paccialella 120, C22
Pacciunitoli 121, D21
Padula 119, D19
Padulella 115, E10
Pagliaggiolo 121, E23
Pagliaju Suttanu 120, B23
Palasca 113, E5
Palavèse 121, D22
Palneca 118, B19
Pancheraccia 115, D12
Pantanacce 121, E7
Pantano 121, D22

Parata 115, D10
Partine 111, E3
Partinello 112, B8
Partmentile 121, D24
Pasciallelo 121, E23
Pastina 111, E1
Pastricciola 117, E13
Patrimonio 111, E3
Pedanu 113, F5
Pedi Bernardu 119, E17
Pedi Morella 117, D15
Pedi Vassalu 115, E12
Penitencier de Casabianda 119, E17
Penta 117, E16
Penta Acquatella 114, C10
Penta-di-Casinca 115, D10
Peraldu 110, C3
Perelli 115, D11
Peri 117, E14
Pero Longo 120, C23
Petra-113, E7
Petra Longa Salvini 121, E23
Petra Maio 112, C5
Petreto 117, E16
Pévani 116, C14
Piana 112, B8
Piana 113, F5
Pianelli 114, C10
Pianelli 121, E22
Pianello 111, D4
Pianello 115, D11
Pianiccia 115, E12
Piano 115, D10
Piano 120, C22
Pianotolli-Caldarello 121, D23
Piazza 111, D2
Piazzali 115, D11
Piazzole 115, D10
Picciocana 120, C23
Piccovaggia 121, F22
Picho 116, C14
Pie-d'Orezza 114, C10
Piedicorte-di-Gaggio 114, C12
Piedicroce 114, C10
Piedigriggio 113, F6
Piediliacorte 114, C11
Piedipartino 114, C10
Pieiza 119, D19
Pietra Rossa 120, A21
Pietra-di-Verde 115, D11
Pietralba 113, F5
Pietranera 111, E3
Pietrapola 118, C18
Pietraserena 115, D12
Pietera 115, D11
Pietricaggio 115, D11
Pietrosella 117, D16
Pietroso 114, C12
Pieve 111, D2
Pieve 112, C6
Pieve 114, C9
Pigna 113, D5
Pila-Canale 117, D15
Pilusella 120, A21
Pinarellu 121, F21
Pineto 111, F4
Pineto Village de Vacances 111, F4
Pinetu 115, E9
Pino 111, D2
Pinzafone 118, C17
Piobetta 115, D11
Pioggiola 113, E5
Pirio 112, C7
Piscia Rossa 116, C14
Pisciatello 117, D15

Pisinale 116, B15
Pizze 113, F6
Plein Soleil 116, B13
Poggiale 121, D23
Poggio 111, D1
Poggio 113, D8
Poggio 113, E7
Poggio d'Oletta 111, E4
Poggio d'Olmo 121, E23
Poggio Mezzana 115, E10
Poggio-di-Nazza 118, C18
Poggio-di-Venaco 114, B12
Poggio-Marinaccio 114, C10
Poggiola 117, F13
Poggioli 121, F21
Poggiolo 114, C13
Ponte Bonellu 117, D15
Ponte Castirla 113, F7
Ponte Leccia 114, B10
Ponte Novu 114, C9
Ponte Rosso 113, F6
Popolasca 113, F6
Poretta 121, E22
Poretto 111, E3
Porri 115, D10
Port de Campoloro 115, E11
Port de Centuri 111, D1
Porticcio 117, D15
Porticciolo 111, E2
Portigliolo 120, B22
Porto 112, C8
Porto Marina 112, B8
Porto Monaghi 116, B13
Porto Pollo 120, C23
Porto-Vecchiaccio 121, F22
Porto-Vecchio 121, E23
Pozzaccio 116, C16
Pozzo 111, E3
Pratavone 117, D16
Prato-di-Giovellina 113, F6
Pratti 116, C15
Pratu Tondu 117, D14
Precoggio 121, E23
Prezzuna 112, C7
Propriano 120, B22
Prugna 118, C20
Prunelli-di-Casacconi 115, D9
Prunelli-di-Fiumorbo 118, C18
Prunete 111, E4
Prunete 115, E11
Prunisccia 117, D13
Pruno 116, C15
Punta 119, D19
Purettone 111, F4

Q
Quasquara 117, B22
Quattru 111, E4
Quenza 118, B20
Quercioli 111, E1
Quercioloo 115, D9
Quercitello 114, C10
Quinzena 118, C17

R
Radicale 117, E15
Radici 121, D22
Raghino 121, D23
Rapaggio 115, D10
Rapale 111, D4
Rebbia 114, C11
Rebbia 114, C11
Renoso 115, E10
Résidence du Golfe d'Ajaccio 117, D15

Résidences du Golfe de Lava 116, B14
Revinda 116, B13
Ricetti 121, E24
Riva Bella 115, E12
Riventosa 114, B12
Rivinco 115, D9
Roccappina 120, C23
Rodone 117, D13
Rogliano 111, E1
Rondulinu 116, B13
Rosajola 110, C4
Rosazia 117, D13
Rospigliani 114, C12
Rusio 114, C11
Rutali 114, C9

S
Sagone 116, C13
Saint-Antoine 119, D17
Saint-Florent 111, D4
Saint-Jean 114, C12
Saint-Martin 117, D13
Sainte-Lucie-de-Porto-Vecchio 121, F21
Sainte-Lucie-de-Tallano 120, C21
Salastaccu 118, C17
Salecca 110, C3
Salice 117, D13
Saliceto 114, C10
Salvadilevo 121, D23
Sampolo 117, F15
Sampolu 118, C17
Samuletu 119, D17
San Ciprianu 121, F22
San Damiano 115, D10
San Gavino 121, D10
San Gavino-di-Carbini 121, D21
San Giorgio 117, D18
San Giustu 115, D9
San Lorenzo 114, C10
San Nicolao 115, E10
San Pancraziu 111, E10
San Pellegrinu 115, E10
San Petru d'Accia 114, C10
San Quilcu 112, B6
San Quillico 119, D20
San-Gavino-di-Fiumorbo 118, C18
San-Gavino-di-Tenda 111, D4
San-Giovanni-di-Moriani 115, D10
San-Martino-di-Lota 111, E3
Sant'Andrea 120, C21
Sant'Antonino 113, D5
Santa Julia 120, B22
Santa Lucia 121, D23
Santa Maria 111, E4
Santa Maria 121, E15
Santa Maria 120, C21
Santa Severa 111, D4
Santa-Andrea-di-Cotone 115, E11
Santa-Lucia-di-Mercurio 114, B11
Santa-Lucia-di-Moriana 115, E10
Santa-Reparata-di-Balanga 113, D5
Santo-Pietro-di-Tenda 111, D4

Santo-Pietro-di-Venaco 113, F8
Saparella 120, C22
Saparelle 118, C17
Saparelli 121, D23
Saparelly 121, F21
Sardegna 118, B19
Sari-d'Orcino 117, D14
Sari-Solenzara 119, D20
Sarisacci 119, D18
Sarrola-Carcopino 117, D14
Sartène 120, C22
Scaglioli 116, C15
Scata 115, D10
Scolca 114, C9
Scudo 116, C15
Selmacce 111, E2
Sermano 114, C11
Serra-di-Ferro 120, A21
Serra-di-Fiumorbo 119, D18
Serraggio 114, B12
Serragia 120, C23
Serriera 112, C8
Siché 117, E15
Sidossi 113, E7
Silgaggia 111, E3
Silvareccio 115, D10
Siola 114, C9
Sisco 111, E2
Soccia 117, D13
Solaro 119, D19
Solenzara 119, D19
Sollacaro 120, B21
Sorbo-Ocagnano 115, D9
Sorbollano 117, F16
Sorio 114, B9
Sotta 121, E23
Spazzola 115, D12
Spelonca 117, E13
Speloncato 113, D5
Stabiacciu 121, E22
Stiliccione 120, A21
Stollu 119, D18
Stopione 111, E1
Sulelllu 119, D18
Suare 112, C6
Suarella 117, E15
Suaricchio 117, E14
Suartone 121, E23
Sugale 112, C5
Suralta 117, D15

T
Taggia 117, D14
Taglio 115, D10
Taglu Rossu 121, E21
Taglu Rossu 121, E21
Taglu Rossu 121, E21
Talafredu 115, E12
Talasani 115, D10
Tallone 115, D12
Tarazone 112, C6
Tarcu 119, D20
Tarrabuccetta 121, D23
Tarrancucceta 121, D23
Tarrano 115, D11
Tassinca 120, A21
Tasso 117, F15
Tattone 117, F13
Tavaco 117, D14
Tavera 117, E14
Teppa 119, D17
Terraveccia 115, E12
Terre Rosse 115, E15
Tirolo 121, D23
Tivoccia 116, C14
Tivolaggio 120, B22
Tizzano 120, B23
Toccone 113, E5
Toga 111, E3
Togna 119, D20
Tolla 117, E14
Tollare 111, E1
Tomino 111, E1
Torgia 117, E16
Torre 121, E22
Tovisanu 119, D19
Tox 115, D11

Traghino 112, B8
Tralonca 114, B11
Travo 119, D19
Tufo 111, E2
Turrezza 111, E2
Tuscia 116, C15
Tuvarelli 112, C7

U
U Sardelli 116, C14
U Vergaju 117, F15
Ucciani 117, E14
Urbalacone 117, D14
Urtaca 113, F5
Usciolo 121, E23

V
Vacca 121, D23
Vadina 119, E17
Valcaccia 119, D18
Vallacciola 115, E11
Valle-d'Alesani 115, D11
Valle-di-Campoloro 115, E11
Valle-di-Mezzana 117, D14
Valle-di-Rostino 114, C10
Vallécalle 111, E4
Vallica 113, E5
Vallicelo 121, D23
Vandollaccio 118, C20
Vanga di L'Oru 115, E11
Vangone 117, F16
Vasalia 118, C19
Vedolaccia 116, C13
Veifasca 115, D11
Venaco 114, B12
Ventiseri 119, D19
Venzolasca 115, D9
Vera 117, E14
Verdese 114, C10
Verdese 115, D10
Vergagliese 114, C5
Verghia 116, C16
Vescovato 115, D9
Vetaro 120, B22
Viggianello 120, B22
Vignale 111, D2
Vignale 115, D9
Vignallella 121, D22
Vignamajo 117, E13
Vignola 117, E15
Vignola 121, F21
Village de Bavella 118, C20
Village de Vacances 113, D8
Village de Vacances 116, B13
Village de Vacances 121, D23
Villanova 116, B15
Ville-di-Pietrabugno 111, E3
Ville-di-Paraso 113, E5
Vistale 112, B8
Vix 119, D19
Vizzavona 117, F13
Volpajola 114, C9
Voltojo 111, E3

Z
Zalana 115, D11
Zérubia 117, F16
Zicavo 117, F15
Zigliara 117, E16
Zilia 113, D5
Zitamboli 113, E7
Zonza 121, D21
Zoza 120, C21
Zuani 114, C11

Orts- und Sachregister

Hier finden Sie alphabetisch aufgeführt alle in diesem Band beschriebenen Orte und Ziele, Routen und Touren. Bei einzelnen Sehenswürdigkeiten steht jeweils der dazugehörige Ort in Klammern, bei Hotels steht zusätzlich die Abkürzung H für Hotel. Außerdem enthält das Register wichtige Stichworte sowie alle MERIAN-TopTen und MERIAN-Tipps dieses Reiseführers. Wird ein Begriff mehrfach aufgeführt, verweist die **fett gedruckte** Zahl auf die Hauptnennung im Band, eine *kursive* Zahl verweist auf ein Foto.

A
A.O.C.-Gebiete 19
Acqua Cyrne Gliss (Porticcio) 27, 46
Adressen 102
Aitone 8
Ajaccio 6, 11, 17, 21, **40**
Aléria 79
Algajola 51
Alignements 9
Alta Rocca 69
Anreise 102
Aperitif 17
Aquarium (Bonifacio) 62
Archäologische Sammlung (Calvi) 49
Aregno 52
Aria Marina (H, Calvi) 48
Ascotal 9, **80**, 90
Auberge de la Restonica (H, Corte) 75
Auberge de la Signoria (H, Calvi) 48
Auf einen Blick 102
Aullène 69
Auskunft 103

B
Balagne (MERIAN-Tipp) 8, 11, 17, 19, 48, **52**, **87**
Bastelica 45
Bastia 6, 21, **30**, 90
Bavella-Bergmassiv (MERIAN-Tipp) 8, *9*, **68**, 69, *84/85*
Beach Hotel (H, Propriano) 72
Belgodère 52
Belvédère (H, Porto Vecchio) 65
Belvédère de la Manichella (Bonifacio) 60
Bergdorf Lama (MERIAN-Tipp) 27, **38**
Bevölkerung 103
Bocognano 45
Bonifacio 6, 11, 17, 21, 23, *28/29*, **58**, 62, 63
Bootsausflug Iles Sanguinaires (MERIAN-Tipp) 46
Bootsausflüge (Bonifacio) 64
Bootsausflüge (Calvi) 51
Borgo Genovese 59
Boziu 80
Buchtipps 104

C
Calacuccia **81**, 90
Calanche 6, 24, 46, **86**
Calenzana 52
Calvi 21, 27, 40, 41, **47**
Campana 38
Campanile Saint-Francois (Corte) 75
Camping 15
Campo dell' Oro (H, Ajaccio) 41
Cap Corse (MERIAN-TopTen) 6, 8, 11, 17, 23, 31, **36**
Cargèse 21, **46**
Casa Pesana 19
Casa toia 15
Casamaccioli *20*, 21, 81
Casamozza 90
Case di l'artigiani 19
Casinca 8, **37**
Castagniccia 8, 11, **37**, 90
Castellare-di-Casinca 37
Castellu d'Araghju 10, 65
Castellu di Cucuruzzu 69
Castiglione 80
Catenacciu 21, 66
Cauria *9*, 10, **70**
Cervione 38
Chapelle A Trinità 52
Chapelle de l'Immaculée Conception (Bastia) 32
Chapelle des Grecs (Ajaccio) 42
Chapelle Impériale (Ajaccio) 42
Chapelle Saint-Roch (Bastia) 32
Chapelle Sainte-Croix (Bastia) 32
Cinarca 8, 47
Citadelle (Calvi) 48
Citadelle (Corte) 75
Corbara 52
Corsicada 19, 55
Corte 21, *74*, **75**, *76*, *78*
Couvent de Marcasso 53
Couvent Saint-Francois 47
Couvent Saint-Julien 64
Couvents 15
Couvents Saints-Come-et-Damien (Sartène) 67
Cyrnarom (MERIAN-Tipp) 35

D
Da Paese a Paese 80
De la Paix (H, Corte) 75
Diplomatische Vertretungen 104
Dolmen 9
Dolmen von Fontanaccia 70
Drachenfliegen 23
Du Golfe (H, Bonifacio) 60

E
Eden Roc (H, Ajaccio) 41
Eglise de l'Annonciation (Corte) 75, **76**
Eglise Saint-Théophile (Corte) 76
Eglise Sainte-Marie (Sartène) 67
Einkaufen 18
Eisenbahnviadukt 82
Erbalunga 21, **37**
Ersa 70
Escalier du Roi d'Aragon (Bonifacio) 60
Essdolmetscher 98
Essen und Trinken 16
Etang de Biguglia 38
Etang de Diane 25
Events 20
Evisa 91

F
Fähren (Bonifacio) 64
Familientipps 26
Feiertage 104
Felce 38
Feliceto 53
Ferien auf dem Bauernhof 27
Feriendörfer 15
Ferienhäuser 15
Fernwanderweg GR 20 (MERIAN-TopTen) 89
Fesch (H, Ajaccio, MERIAN-TopTen) 41
Feste 20
Filitosa (MERIAN-TopTen) 10, 27, **70**
Fiumorbu 8
FKK 104
FKK-Anlagen 31
Fôret de Bonifatu 53
Fôret de l'Ospédale 8
Fort Matra 79, 80
Fozzano 70
Freizeitarchäologie 104

Orts- und Sachregister 125

Front de Libération Nationale de la Corse (FLNC) 7

G
Geld 105
Genovese (H, Bonifacio) 59
Genuesenturm *10*, *37*
Geschäfte 19
Geschichte 94
Girolata 47
Gîtes d'etappe 15
Gîtes ruraux 15, 27
Golf von Girolata 8
Golf von Porto 86, 91
Golf von Porto-Vecchio 8
Golfe de Sagone 27, **46**
Golfo di Sogno 65
Gorges de la Restonica (MERIAN-TopTen) *81*, 81
Gorges de Spelunca 91
GR 20 (MERIAN-TopTen) 89
Grand Hotel Cala Rossa (H, Porto-Vecchio) 65
Grotten von Bonifacio (MERIAN-TopTen) 64

H
Handwerk 19
Haute-Corse 31
Hochseilgarten 27
Höhlenforschung 23
Hotel Castel Brando (MERIAN-Tipp) 37
Hotel de la Corniche (H, Bastia) 31
Hôtel de Ville (Calvi) 48
Hôtel du Golfe (H, Sartène) 66
Hotel Rossi (H, Sartène) 66
Hotel Splendid (H, Ile Rousse) 54
Hotels 15

I
Ile Cavallo 60
Iles Lavezzi 25
Iles Sanguinaires (MERIAN-Tipp) *43*, 46
Inselrundfahrt 27
Internet 105
Jahreszahlen 94

K
Kajak fahren 23
Kalliste (H, Ajaccio) 42
Kanu fahren 23
Karfreitagsprozession (MERIAN-Tipp) 21
Kermik 19
Kinder 26
Klettern 23
Klöster 15
Korallenschmuck 19

Korbwaren 19
Korsisches Nationalmuseum (Corte) 76
Küche 17
Kunsthandwerk 19
Kunsthandwerksläden 19

L
L'Abbaye (H, Calvi) 48
L'Alivi (H, Bastia) 31
L'Annonciation 52
L'Ile Rousse 27, *28*, **53**
L'Ondine (Algajola) 52
L'Ospedale 8
La Canonica **35**, 90
La Caravelle (H, Bonifacio) 59
La Madunuccia (Ajaccio) 42
La Marane 25
La Scandola 8, 47
La Trinité (Aregno) 10
La Villa Piana (H, Sartène) 66
Lac de Capitello *79*, 81
Lac de Melo 81
Lavasina 36
Le Maquis (H, Porto) 47
Le Mistral (H, Porto-Vecchio) 65
Le parcours aventure 27
Les Moulettes (H, Ajaccio) 41
Les Oliviers (H, Bastia) 32
Levie 71
Logis et Auberge de France 15
Lokale 17
Loreto-di-Casinca 37
Lumio 54, *55*
Luri 37

M
Macchia 105
Maison Bonaparte (Ajaccio) 44
Maison Joseph Bonaparte et Arrighi di Casanova (Corte) 76
Maison Saint-Hyacinthe (H, Bastia, MERIAN-Tipp) 31
Marina 59
Märkte 19
Medizinische Versorgung 105
Megalithkultur 9, 70
Menhire *9*, 70
Micheline (MERIAN-TopTen, MERIAN-Spezial) 27, **56**
Miomo 36
Mittelalterliches Karfreitagsspektakel in Sartène (MERIAN-Tipp) 21
Möbel 19

Morosaglia 38
Murzu 47
Musée de la Corse (Corte) 76
Musée de Préhistoire et Ethnologie (Sartène) 68
Musée Départemental (Levie) 71
Musée Fesch (Ajaccio, MERIAN-TopTen) 44
Musée Jérome-Carcopino (Aléria) 80
Musée Napoléonien (Ajaccio) 44
Musik 105
Musik- und Theaterfestivals 21

N
Napoleon *32*
Naturschutz 9
Nebbio 8, **38**, 55
Nino-See 9
Niolo 8, **81**, 90
Nonza 25, **37**
Notre-Dame-de-la-Miséricorde (Ajaccio) 42
Notre-Dame-de-la-Serra 54
Notre-Dame-des-Grâces 36

O
Öffnungszeiten 19
Oratoire Saint-Antoine 48
Ornano 8
Ota 47, 91

P
Paesotel e Caselle (H, Venaco) 82
Palagiu 10, **72**
Palais National (Corte) 75
Palombaggia 65
Paragleiten 23
Parc Naturel Régional de la Corse 9, 24
Parc Régional de la Corse 8, 15
Patrimonio 17
Piazzole 38
Pigna 19, **55**
Place Charles-de-Gaulle (Ajaccio) 43
Place Christophe-Colombe (Calvi) 48
Place d'Austerlitz (Ajaccio) 43
Place de la Libération (Sartène) 66
Place Diamant (Ajaccio) 43
Place du Maréchal Foch (Ajaccio) 43
Place Duc-de-Padoue (Corte) 78
Place Foch (Ajaccio) 42

Orts- und Sachregister

Place Gaffori (Corte) 75, **78**
Place Letizia (Ajaccio) 42
Place Paoli (Corte) 78
Place Paoli (Ile Rousse) 53
Place Porta (Sartène) 67
Place Saint-Nicolas (Bastia) 34
Plage de Balestra 25
Plage de Calvi 25
Plage de Liamone 25
Plage de Palombaggia 25
Plage de Péro 25
Plage de Roya 24
Politik 106
Ponte-Leccia 17
Porticcio 27, **46**
Porto 46
Porto-Vecchio 27, 59, **65**
Post 106
Posta Vecchia (H, Bastia) 31
Propriano 21, 27, 59, **71**

R
Rad fahren 23
Rafting 24
Reiseknigge 106
Reiseservice 102
Reisewetter 106
Reiten 27
Renaggiu 70
Rèsidence du Centre Nautique (H, Bonifacio) 59
Restaurant Le 20123 (Ajaccio, MERIAN-Tipp) 45
Restaurants 17
Roc et Mare (H, Propriano) 72
Roccapina 72
Rocher du Lion 72
Romanik 10, *50*
Rotweine 17
Routen 86, 87, 88, 89, 90
Rue Colombe (Calvi) 49
Rue du Cardinal Fesch (Ajaccio) 42
Rundfunk 107

S
Sagone 47
Saint-André 38
Saint-Blaise 52
Saint-Dominique (Bonifacio) 60
Saint-Erasme (Ajaccio) 43
Saint-Erasme (Bonifacio) 62
Saint-Erasme (H, Calvi) 48
Saint-Florent 27, **39**
Saint-Francois 36
Saint-Georges (Algajola) 51
Saint-Jean Baptiste (Bastia) 34
Saint-Jean-Baptiste (Ajaccio) 43
Saint-Jean-Baptiste (Calvi) 48, **49**
Saint-Michel (Castiglione) 80
Saint-Michel (Venaco) 82
Saint-Michel 55
Saint-Roch (Ajaccio) 44
Saint-Thomas 52
Sainte-Lucie-de-Tallano 72
Sainte-Marie (Bastia) 34
Sainte-Marie-Assunta 36
Sainte-Marie-Majeure (Bonifacio) 62
Sainte-Marie-Majeure (Calvi) 50
Sampiero Corsi (H, Corte) 75
San Carlu (H, Ajaccio) 42
San Cipriano 65
San Damianu 39
San Martino 37
San Michele (MERIAN-TopTen) 10, **39**
San Nicolau (MERIAN-TopTen) 80
San Pancrazio 37
San Parteo 36
San Petru d'Accia 38
San Pietro e San Paolo 54
Sant' Antonino (MERIAN-TopTen) 7, 52, 54, **55**
Sant' Appiano 46
Santa Maria Assunta (La Canonica) 35
Santa Maria Assunta (MERIAN-TopTen) 80
Santa Maria-Figaniella (Fozzano) *6*, 71
Santa Reparata 38
Santa-Cristina 38
Santa-Maria-Assunta (Saint-Florent) 39
Sartenais 8
Sartène 9, 17, 21, 65, **66**
Scala di Santa Regina 82
Schmalspurbahn (MERIAN-TopTen, MERIAN-Spezial) 56
Schmuckgeschäfte 19
Schmuckstücke 19
Schnorcheln 24
Segeln 24
Seneca-Turm 37
Sofitel-Thalassa (H, Porticcio) 46
Solenzara 31
Speloncato 55
Spelunca-Schlucht 47
Spezialitäten 17, 19
Sport 22
Sprache 107

Sprachführer 96
Stantari 70
Strada tra Mare e Monti (MERIAN-Tipp) 24, **25**, 41, 52, 53, **88**
Strände 22, **25**, 27
Südküste 58

T
Tauchen 24
Tavignano-Tal 82
Telefon 107
Tizzano 72
Tomino 37
Töpferwaren 19
Tra Mare e Monti (MERIAN-Tipp) 24, **25**, 41, 52, 53, **88**

U
Übernachten 14
UNESCO-Weltkulturerbe 47
Unterkünfte 15

V
Valdu-Niellu 8
Valle-de-Pietrabugno 39
Valle-di-Rostino 38
Venaco 82
Vergnügungspark (Porticcio) 27
Verkehrsverbindungen 107
Vescovato 37
Vico 47
Ville Haute (Corte) 78
Vizzavona 8

W
Wanderkarten 24
Wandern 24
Webarbeiten 19
Weine 17
Windsurfen 24

Z
Zeitungen 108
Zitadelle (Algajola) 51
Zoll 108

Impressum

Liebe Leserinnen und Leser,
wir freuen uns, Ihre Meinung zu diesem Reiseführer zu erfahren. Bitte schreiben Sie uns, wenn Sie Berichtigungen und Ergänzungsvorschläge haben oder wenn Ihnen etwas besonders gut gefällt:

TRAVEL HOUSE MEDIA GmbH, Postfach 86 03 66, 81630 München
E-Mail: merian-live@travel-house-media.de, Internet: www.merian.de

Die Autoren
Michael Studemund-Halévy, Dozent am Institut für die Geschichte der deutschen Juden und Sachbuchautor.
Dirk Schröder, Jahrgang 1954, wohnt zwar in Süddeutschland, kommt als Journalist und Fotograf aber viel in der Welt herum. Er hat bereits Reiseliteratur über Korsika veröffentlicht und mehrere Bände in der Reihe MERIAN live! geschrieben.

Bei Interesse an Karten aus MERIAN-Reiseführern schreiben Sie bitte an:
iPUBLISH GmbH, geomatics
Berg-am-Laim-Straße 47
81673 München
E-Mail: geomatics@ipublish.de

Bei Interesse an Anzeigenschaltung wenden Sie sich bitte an:
KV Kommunalverlag GmbH & Co KG
MediaCenterMünchen
Tel. 0 89/92 80 96 - 44
E-Mail: kramer@kommunal-verlag.de

Fotos
Titel: Belgodère (Foto H. Hartmann)
Alle Bilder T. Stankiewicz, außer:
Bildagentur Huber/J. Huber 30, /G. Simeone 88, /Stadler 54; F1 Online/ S. Grandadam/AGE 16; Gonzalez/laif 86; H. Hartmann 2 l, 22, 39, 40, 43, 70, 103; Raach/laif 34; J. Richter/LOOK 4/5, 28/29, 84/85; Schapowalow/R. Harding 55; D. Schröder 10, 32, 47, 53, 56/57, 64, 69, 71, 76, 81, 92/93, 101; T. Weber 6, 9, 36, 44, 50, 60, 62, 63, 65, 78, 79.

© **2008 TRAVEL HOUSE MEDIA GmbH, München**
MERIAN ist eine eingetragene Marke der GANSKE VERLAGSGRUPPE.

Alle Rechte vorbehalten. Nachdruck, auch auszugsweise, sowie die Verbreitung durch Film, Funk, Fernsehen und Internet, durch fotomechanische Wiedergabe, Tonträger und Datenverarbeitungssysteme jeglicher Art nur mit schriftlicher Genehmigung des Verlages.

Alle Angaben in diesem Reiseführer sind gewissenhaft geprüft. Preise, Öffnungszeiten usw. können sich aber schnell ändern. Für eventuelle Fehler übernimmt der Verlag keine Haftung.

Programmleitung
Dr. Stefan Rieß
Redaktion
Simone Schmidt
Lektorat
Kerstin Seydel-Franz
Gestaltung
wieschendorf.design, Berlin
MERIAN-Quiz
Verónica Reisenegger
(Konzept und Idee)
Karten
MERIAN-Kartographie
Satz
Filmsatz Schröter, München
Druck
Appl, Wemding
Bindung
Auer, Donauwörth
Gedruckt auf
Eurobulk Papier von der Papier Union

2. Auflage

TRAVEL HOUSE MEDIA

Ein Unternehmen der
GANSKE VERLAGSGRUPPE

Korsika

MERIAN-Tipps
Tipps und Empfehlungen für Kenner und Individualisten

1. Mittelalterliches Karfreitagsspektakel
In Sartène wird zu Ostern eindrucksvoll an den Kreuzweg Christi erinnert (→ S. 21).

2. Strada tra Mare e Monti
Den Duft der Macchiasträucher einsaugen, weite Blicke übers Meer genießen, das geht am besten zu Fuß auf alten Pfaden (→ S. 25).

3. Maison Saint-Hyacinthe bei Bastia
Eine einfache, aber ruhige Übernachtungsmöglichkeit bietet dieses Kloster (→ S. 31).

4. Cyrnarom
Wer den Duft der Insel mitnehmen möchte, der findet ihn hier abgefüllt in Fläschchen (→ S. 35).

5. Hotel Castel Brando
Ein beschaulicher Fischerort und Hotelkomfort mit Stil (→ S. 37).

6. Unterkunft mit Charme im Bergdorf Lama
In ehemaligen Wohnhäusern wurden Ferienwohnungen im Stil der italienischen Renaissance eingerichtet (→ S. 38).

7. Restaurant Le 20123
Der Name weist auf ein extravagantes Restaurant mit hervorragender Küche hin (→ S. 45).

8. Bootsausflug: Iles Sanguinaires
Ein faszinierendes Naturschauspiel: der Sonnenuntergang auf diesen Inseln (→ S. 46).

9. Balagne
Baderummel an den schönsten Sandstränden und geruhsames Leben der Korsen in den Bergdörfern der Balagne liegen hier dicht beieinander (→ S. 52).

10. Bavella-Bergmassiv
Die schönste Passstraße im Süden der Insel führt über den Col de Bavella (→ S. 68).

← MERIAN-TopTen finden Sie auf Seite 1